グループ法人税制
実務ガイドブック

(社)日本経済団体連合会
経済基盤本部長
阿部 泰久 著

清文社

はじめに

　平成22年度税制改正中、法人課税関係の最大の関心事はグループ法人税制の創設を中心とするいわゆる「資本に関係する取引等に係る税制」である。

　毎年の税制改正の概要については、清文社から『税制改正の要点解説』として税制改正大綱と税制改正法案に基づく概説書を上梓しており、平成22年度改正についても、長年主税局において法人税法の立案の中心的役割を果たしてこられた朝長英樹日本税制研究所代表理事の監修のもとに、税理士、公認会計士と経団連スタッフとの共著として公刊されている。

　その中でも、法人課税関係の改正として、グループ法人税制の創設、資本取引等に係る税制の見直し等については相当のページ数を割いて概説しているが、改正法人税法の成立後、関連政省令の公布を経て、さらに詳細が明らかになった。特に組織再編成税制や連結欠損金等の計算規定については、重要な内容が政令事項とされており、改正法のみならず政省令に依って改めて紹介すべき必要を痛感していた。また、多くの企業税務関係者からも、より詳細な解説を求める声があげられていた。

　そこで、平成22年度税制改正中、いわゆる「資本に関係する取引等に係る税制」及びそれに関連する事項に絞って、できるだけ詳細ではあるが平易な解説を試みることとしたのが本書である。具体的には、①グループ法人税制の創設、②連結納税制度の大改正、③清算所得課税の廃止、④自己株式取得に係るみなし配当課税と譲渡課税の見直しなど配当に係る税制の見直し、に加えて、⑤今回の改正で大きな影響を受けた企業組織再編税制を独立して解説し、⑥その他の関連する改正、についても紹介することとした。

　また、それぞれについて、改正法人税法のみならず、施行令、施行規則まで含めて、できるだけ紹介し、法人税を日常の仕事とする税理士・公認会計士、企業の経理・財務の担当者など実務家の方々が、今回の改正内容を一通り理解

はじめに

するためには十分な内容を目指すこととした。もとより完璧な解説書ではないが、それにはおそらく本書に倍する頁数を費やしても足りないであろう。

　本書の執筆は私一人の責任で行ったが、その内容は、朝長英樹氏をはじめとする『税制改正の要点解説』の執筆者グループとの度重なる検討・討議に大きな示唆を受けている。改めて感謝するとともに、その意味で本書は実質的には『税制改正の要点解説』の執筆者各位との共著であることをお断りしておく。

平成22年5月

　　　　　　　　　　　　　　　　　　(社)日本経済団体連合会
　　　　　　　　　　　　　　　　　　　経済基盤本部長　阿部　泰久

はじめに

第Ⅰ章　グループ法人税制の創設

第1節　背景と経緯 …………………………………… 3
(1) グループ法人税制創設の背景 ──────────── 3
(2) 改正の経緯 ──────────────────── 6

第2節　100％グループ＝完全支配関係 ……………… 8
(1) 支配関係と完全支配関係 ─────────────── 8
(2) 「一の者」 ──────────────────── 12
(3) 「発行済株式等」 ─────────────────── 13
(4) 「直接支配関係・直接完全支配関係」 ─────────── 13
(5) 「一の者との間に当事者間の完全支配の関係がある法人相互の関係」 ─── 15
(6) 連結完全支配関係 ──────────────── 16

第3節　完全支配関係がある法人間の資産の譲渡取引 ……… 17
(1) 譲渡損益の繰り延べ ─────────────── 17
(2) 譲渡損益調整資産 ─────────────── 19
(3) 譲渡損益の実現 ──────────────── 21
　① 譲渡損益が実現する場合　21
　② 組織再編成があった場合の扱い　22
　③ 益金の額または損金の額として計上される金額　22
(4) 当事者間の通知 ──────────────── 25

(5)	適用時期	26

第4節 完全支配関係にある法人間の寄附 — 28
(1)	受贈益の益金不算入	28
(2)	寄附金の損金不算入	29
(3)	寄附金・受増益がある場合の利益積立金	30
(4)	株式の帳簿価額の算出の特例	31
(5)	適用時期	31
(6)	連結法人間の寄附金	32

第5節 完全支配関係にある法人からの受取配当金の益金不算入 — 33
(1)	負債利子控除の不適用	33
(2)	完全子法人株式等	34
(3)	計算期間	34
(4)	適用時期	36

第6節 完全支配関係にある法人間の株式の発行法人への譲渡の際の損益 — 37
(1)	改正前の制度	37
(2)	みなし配当がある場合の譲渡損益の否認	38
(3)	適用時期	39

第7節 中小企業向け特例措置の大法人の100％子法人に対する適用 — 40

第Ⅱ章　連結納税制度の改善

第1節　連結納税適用開始・子会社加入の際の欠損金 ………… 45
(1) 改正前の税制―子会社の欠損金の切捨てと時価評価 ―― 45
① 連結納税適用開始前・加入前の子会社の欠損金の切捨て　45
② みなし連結欠損金額　45
③ 連結納税適用開始前・加入前の子会社の時価評価　49
(2) 連結子法人の連結適用開始前・加入前の欠損金の利用制限の見直し ―――――――――――――――― 49
① 連結納税の開始の場合　50
② 連結グループへの加入の場合　51
(3) 連結欠損金額の繰越控除の原則 ――――――――――― 52
(4) 限度超過額の計算 ――――――――――――――――― 53
① 法人税法第81条の9第1項第一号の金額（イ＋ロ）　55
② 法人税法第81条の9第1項第二号の金額　58
③ 連結欠損金繰越控除額のうち各連結法人に帰せられる額　59
(5) みなし連結欠損金額の追加 ―――――――――――― 61
(6) 連結子法人の残余財産が確定した場合 ――――――― 62
(7) 適用時期と経過措置 ――――――――――――――― 62
① 連結欠損金の控除額の計算　62
② 連結納税適用開始・子会社加入によるみなし連結欠損金の経過措置　63
③ 合併・分割・残余財産確定によるみなし連結欠損金の経過措置　63

第2節 承認申請・承認の取消し ……………………………… 65
(1) 改正前の制度 ────────────────────── 65
(2) 連結納税の承認申請期限の短縮化 ──────────── 66
(3) 連結子法人の解散と連結納税承認の取消し ──────── 67

第3節 加入法人の加入時期の特例 ……………………………… 68
(1) 改正前の制度 ────────────────────── 68
(2) 特例制度の拡大 ───────────────────── 69

第4節 連結納税の開始または連結グループ加入に伴う資産の時価評価 ……………………………… 70
(1) 連結子法人が解散した場合の当該連結子法人の子法人 ── 70
(2) 開始・加入後2か月以内に離脱する連結子法人 ────── 70

第5節 連結中間申告 ……………………………… 71
(1) 連結子法人の残余財産が確定した場合 ─────────── 71
(2) 連結グループ外法人を被合併法人とし、連結法人を合併法人とする適格合併が行われた場合 ─────────── 69

第6節 連結納税における投資簿価修正 ……………………………… 73
(1) みなし配当が生じる場合の譲渡等修正事由への追加 ─── 73
(2) 欠損法人である連結子法人の解散の場合 ─────────── 73

第Ⅲ章　資本に関係する取引等に係る税制

第1節　自己株式取得に係るみなし配当の益金不算入の制限 ‥ 77
　(1)　改正前の制度 ──────────────────── 77
　(2)　自己株式取得に係るみなし配当の益金不算入の制限 ── 78
　(3)　適用時期 ──────────────────────── 80

第2節　抱合株式 ……………………………………………… 81
　(1)　改正前の制度 ──────────────────── 81
　(2)　非適格合併の場合の抱合株式の譲渡損益 ─────── 82

第Ⅳ章　組織再編成税制の改正

第1節　グループ法人税制創設に伴う改正 …………………… 85
　(1)　完全支配関係にある法人間の非適格合併 ─────── 85
　(2)　適格事後設立の廃止 ───────────────── 85
　(3)　非適格株式交換に係る株式交換完全子法人等の有する
　　　資産の時価評価 ─────────────────── 86

第2節　現物分配の創設 ………………………………………… 88
　(1)　会社法上の現物配当 ───────────────── 88
　(2)　現物配当に関する従来の税務上の扱い ───────── 89
　(3)　現物分配の創設 ─────────────────── 90

　　　　① 適格とならない現物分配　91
　　　　② 適格現物分配　92
　　(4) 適格現物分配に係る留意事項 ──────────── 93
　　(5) 適用時期 ─────────────────────── 94

第3節　**無対価組織再編成の明確化** ───────────── 95
　　(1) 会社法上の無対価組織再編成 ──────────── 95
　　(2) 無対価組織再編成の税務上の扱い ─────────── 97
　　　　① 「吸収分割に当たり、分割承継法人から分割法人に株式の割当てを行わない場合の適格判定（分割型分割）」　97
　　　　② 「子会社を分割承継法人とする分割において対価の交付を省略した場合の税務上の取扱いについて（分社型分割）」　99
　　(3) 無対価組織再編成の明確化 ───────────── 104
　　　　① 会社分割の再整理と無対価会社分割の明確化　105
　　　　② 無対価合併と無対価株式交換の明確化　107
　　(4) 無対価組織再編成の適格要件 ──────────── 108
　　(5) 無対価企業組織再編成の計算 ──────────── 110
　　　　① 無対価適格合併における被合併法人の株主の課税　110
　　　　② 無対価株式交換における株式交換完全子法人の株主の課税　111

第4節　**支配関係がある法人間の適格合併等における欠損金の制限措置の見直し** ────── 112
　　(1) 改正前の制度 ────────────────── 112
　　(2) 適格合併等の場合における欠損金の制限措置の見直し ── 113
　　(3) 適用時期 ──────────────────── 114

第5節　分割型分割のみなし事業年度の廃止 ………… 115

第6節　合併類似適格分割型分割制度の廃止 ………… 116
(1)　改正前の制度 ──────────────── 116
(2)　改正の概要 ───────────────── 117

第Ⅴ章　その他の改正

第1節　清算所得課税の廃止 ……………………… 121
(1)　改正前の制度 ──────────────── 121
(2)　清算所得課税の廃止 ───────────── 122
(3)　期限切れ欠損金の損金算入等 ────────── 122
(4)　適用時期 ────────────────── 123

第2節　売買目的有価証券、未決済デリバティブ取引に係る
　　　　契約等 ……………………………………… 124
(1)　改正前の制度 ──────────────── 124
(2)　改正の概要 ───────────────── 125
(3)　適用時期 ────────────────── 126

第3節　その他 ……………………………………… 127
(1)　完全支配関係がある法人の残余財産が確定した場合の
　　　欠損金の引継ぎ ─────────────── 127
(2)　貸倒引当金 ───────────────── 127
　　①　改正前の制度　127

② 改正の概要　128
③ 適用時期　128
(3) 受取配当の益金不算入制度における負債利子控除額の計算　129

【資料編】

■資料１■『資本に関係する取引等に係る税制についての勉強会』論点とりまとめ　133
■資料２■改正法人税法抜粋（平成22年度税制改正）　140

【凡　例】
　法人税法　　　　　　法法
　法人税法施行令　　　法令
　法人税法施行規則　　法規
　所得税法　　　　　　所法
＊なお、文中の参照法令は、例えば、法人税法第80条第１項第一号は法法80①一　と表記してあります。
＊本書の内容は５月１日現在の法令等によっています。

第 I 章

グループ法人税制の創設

第1節 背景と経緯

　グループ法人税制は、わが国におけるグループ経営の進展を背景に、100％の資本関係で結ばれた企業を経済的に一体のものとして、課税上扱おうとするものである。

(1) グループ法人税制創設の背景

　グループ法人税制の創設について、平成22年度税制改正大綱は「企業グループを対象とした法制度や会計制度が定着しつつある中、税制においても、法人の組織形態の多様化に対応するとともに、課税の中立性や公平性等を確保する観点から」見直しを行うと説明している。

　100％の資本関係で結ばれた企業グループは、その経済的な実態はあたかも一つの企業であるのと同じであり、企業の内部取引には課税関係が生じないことと同様に、そのような企業グループの中での取引については課税を生じさせないことが、中立的な税制であると考えられる。すなわち、法人格などの形式的な要件にとらわれず、経済的に一体であると認められる範囲で、また、わが国の課税権のうちにとどまる限りにおいては、その内部で行われる資産の移転等については課税関係が生じないとすることが、グループ法人税制の原則である。

　グループ法人税制の創設と資本取引課税等の見直しを一体とした改正は、2009年7月に公表された「資本に関係する取引等に係る税制について

の勉強会論点取りまとめ」(**資料編**参照)の内容にほぼ沿ったものであるが、この中では、近年のグループ経営の実態について、以下のように整理している。

> 「単一事業者内における事業部門と同様にグループ本社が事業管理を集中的に行う場合から、子会社に対してその事業運営の独立性を一定程度許容しつつ、グループ本社が事業間のシナジー効果の実現や重複の排除、経営資源の会社間の再分配といった資本の一体性を生かした全体戦略を行う場合まであるが、最近では、単なる分社化ではなく、関連会社を100%子会社化してグループ経営を強化する企業が増大しており、各会社の独立性を生かしながら、グループ統合のメリットを最大限に追求する傾向が顕著となっている。」

事実、企業グループのあり方は、この十余年の間に、自らも事業を行う巨大な親会社の下に限定的な役割を分担する子会社が配置される形態のものから、1997年の独占禁止法改正による純粋持株会社の解禁を契機に、自らは事業を行わない純粋持株会社の下に様々な事業を展開する子会社が並び、企業グループ全体での経営資源の有効活用や新規分野への迅速な展開を目指す本格的なグループ経営を目指すようなものへと大きく変わっている。

さらに、企業グループの姿も、親会社の下に強固に一体的な経営を目指す統合型から、親会社は限定的な役割を果たすのにとどめ、各子会社の自由度を高めていく分散型まで多様であり、同じ企業グループでも、ある事業分野では統合的でありながら他の分野では分散化を志向するケースも見られる。

このようなグループ経営のあり方の変化は、この間の様々な制度の改正を促し、また制度改正がグループ経営の変化を加速化させてきた。特に、商法改正による株式交換・移転制度や会社分割制度の導入等の企業組織再

編成手段の多様化は、税制においても2001年(平成13年度税制改正)における組織再編成税制の創設につながり、さらに2002年(平成14年度税制改正)では、100％親子関係にある企業グループについて損益を通算する連結納税制度が創設された。

【個別企業からグループ重視への企業制度の改正】

	法　　制	税　　制	企業会計
1997年	純粋持株会社解禁		連結中心の会計制度
1999年	株式交換・移転制度の導入	株式交換・移転税制(措置法)	
2001年	会社分割制度の創設	企業組織再編税制の創設	
2002年	商法における連結計算書類の導入	連結納税制度の創設	
2004年		連結付加税(2％)の廃止	
2006年	会社法施行	組織再編税制の改正(株式交換・移転の法人税法への統合)	企業結合・事業分離会計の整備
2009年			企業結合・事業分離会計の改正(持分プーリング法の廃止)
2010年		グループ法人税制の創設	上場会社の連結財務諸表にIFRSの任意適用開始

　しかし、組織再編成税制はグループの形成・再編に係るものであり、各事業年度における課税については、連結納税制度の適用はあくまでも任意とされ、原則は個別企業を単位とする課税とされてきた。

　グループ法人税制の創設は、個別企業を納税単位として扱うことを原則としてきた従来の法人税の仕組みを大きく変えるものであるが、連結納税制度創設の背景にあった、個々の法人格という私法上の形式にとらわれず、経済実態に合った認識をするとの考え方を、「完全支配関係」にある企業グループ全体に推し進めたものでもある。

(2) 改正の経緯

今回の改正のそもそもの出発点となったのは、連結納税制度の見直しである。現在、連結納税制度を活用している企業グループは864グループ、法人数でも7,500弱でしかなく、連結納税制度の適用は任意であるとはいえ、わが国におけるグループ経営の拡がりからすれば少ない。

【連結法人数の状況（国税庁資料による）】

		平成20年6月30日現在		平成21年6月30日現在	
		件　数	前年対比（％）	件　数	前年対比（％）
連結法人数		7,341	102.1	7,494	102.1
	親法人数	795	109.8	864	108.7
	子法人数	6,546	101.3	6,630	101.3

連結納税制度の普及が進んでいない原因には、制度適用開始時・子会社加入時における子会社の繰越欠損金の切り捨てや、連結グループ内の寄附金の取扱いなど連結納税制度の仕組み自体が障害となっていることは明白である。

これらの措置は、連結納税制度に不可欠なものではなく、平成14年度税制改正において連結納税制度の活用による税収減を補うための「財源措置」として導入された経緯があり、経団連では、これらの措置の見直しをかねてより求めてきた。

一方で、財務省主税局では、単に連結納税制度の改正にとどまらず、企業グループ全体を視野に入れた新たな税制の構築を企図しており、また、自己株式取得に係るみなし配当の益金不算入と譲渡損の計上を組み合わせた節税行為への対応など、資本に関係する取引等に係る税制の見直しをかねてよりの課題としていた。

そこで、これらを一体として実現するとの前提で、2008年から財務省主税局、経済産業省、経団連の間で事務的な検討が開始され、さらに2009年

【資本に関係する取引等に係る税制についての勉強会メンバー】

京都大学大学院法学研究科教授	岡村　忠生
東京大学大学院法学政治学研究科教授	増井　良啓
九州大学大学院法学研究院教授	渡辺　徹也
横浜国立大学大学院国際社会科学研究科准教授	吉村　政穂
日本税理士会連合会調査研究部部長	杉田　宗久
日本税理士会連合会調査研究部副部長	上西　左大信
日本商工会議所理事・産業政策第一部長	青山　伸悦
日本商工会議所産業政策第一部課長	加藤　正敏
(社)関西経済連合会経済調査部長	藤原　幸則
(社)関西経済連合会経済調査部次長	西村　和芳
(社)日本経済団体連合会経済基盤本部長	阿部　泰久
(社)日本経済団体連合会経済基盤本部主幹	小畑　良晴
(社)日本経済団体連合会経済基盤本部主幹	岩崎　一雄
財務省主税局税制第三課	
経済産業省経済産業政策局企業行動課	
経済産業省経済産業政策局産業組織課	
中小企業庁事業環境部財務課	
金融庁総務企画局調査企画室	

　5月には、「資本に関係する取引等に係る税制についての勉強会」が財務省、経済産業省を共同事務局として設置され、上記三者に加えて、租税法学者や日本商工会議所、関西経済連合会、日本税理士会連合会が参加し、グループ経営の実態を踏まえつつ、課税の公平性の確保、租税回避行為の防止の観点から、理論的、技術的に詳細な論点整理が行われ、2009年7月、前記「論点取りまとめ」に結実した。

　この「取りまとめ」を元に、さらに課税当局と要望側である経済産業省、経済界との間で実務的な検討が進められ、税制調査会の審議を経て、平成22年度税制改正大綱における法人課税の改正の中に「資本に関係する取引等に係る税制」として位置づけられた。

I　グループ法人税制の創設

第2節　100％グループ＝完全支配関係

　法人税法における企業グループの新たな定義として支配関係、完全支配関係が規定され、グループ法人税制は完全支配関係がある法人間に適用される。なお、支配関係は発行済株式等の50％から100％までを保有する関係であり、100％保有である完全支配関係を包含する概念である。

(1)　支配関係と完全支配関係

　企業グループの定義は制度によって異なるが、従来の法人税法では、企業組織再編成における100％グループ（旧法法2十二の八イほか）及び50％超100％未満（旧法法2十二の八ロほか）があり、100％グループについてはさらに連結納税の適用対象となる連結完全支配関係（旧法法2十二の七の五、4の2）が置かれていた。

　グループ法人税制が適用される企業グループについて「資本に関係する取引等に係る税制についての勉強会論点取りまとめ」では、「経営の一体性を重視しつつ、少数株主がいるか否かによって親法人の経営の自由度に違いがあるという実態があることや、制度の複雑化を回避する観点から、基本的に100％株式保有による支配関係を対象として検討することが考えられる」としている。

　さらに、平成22年度税制改正大綱では「100％グループ内の法人」について、「完全支配関係（原則として、発行済株式の全部を直接又は間接に保有する

関係）のある法人」とされていたが、グループ法人税制では基本的に企業組織再編成税制と同じにすべきことを前提としつつ制度設計が進められ、法人税法において新たに「支配関係」（法法２十二の七の五）ならびに「完全支配関係」（法法２十二の七の六）として定義が置かれ、100％株式保有による支配関係は「完全支配関係」として規定された。

【支配関係、完全支配関係の定義（法法２）】

支配関係（十二号の七の五）
　一の者が法人の発行済株式若しくは出資（当該法人が有する自己の株式又は出資を除く。以下この条において「発行済株式等」という。）の総数若しくは総額の百分の五十を超える数若しくは金額の株式若しくは出資を直接若しくは間接に保有する関係として政令で定める関係(以下この号において「当事者間の支配の関係」という。）又は一の者との間に当事者間の支配の関係がある法人相互の関係をいう。

完全支配関係（十二号の七の六）
　一の者が法人の発行済株式等の全部を直接若しくは間接に保有する関係として政令で定める関係(以下この号において「当事者間の完全支配の関係」という。）又は一の者との間に当事者間の完全支配の関係がある法人相互の関係をいう。

なお、「支配関係」は発行済株式等の「総数若しくは総額の百分の五十を超える数若しくは金額」を保有する関係として、発行済株式等の全部を保有する「完全支配関係」を包含しており、従来の企業組織再編成における100％グループと50％超100％未満グループが峻別されていたのとは異なることに注意を要する。

I　グループ法人税制の創設

【グループ法人税制】

【旧企業組織再編成税制】

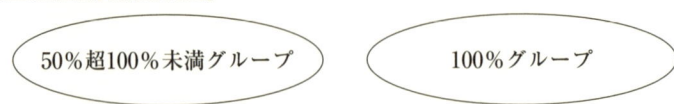

　発行済株式等を「直接若しくは間接に保有する関係として政令で定める関係」とは、法人税法施行令第4条の2（支配関係、完全支配関係）に具体的に規定されており、以下、これに即して「完全支配関係」の詳細を見ていく。

【支配関係、完全支配関係の定義（法令4の2）】

1　法第2条第十二号の七の五（定義）に規定する政令で定める関係は、一の者（その者が個人である場合には、その者及びこれと前条第一項に規定する特殊の関係のある個人）が法人の発行済株式等（同号に規定する発行済株式等をいう。以下この条において同じ。）の総数又は総額の百分の五十を超える数又は金額の株式又は出資を保有する場合における当該一の者と法人との間の関係（以下この項において「直接支配関係」という。）とする。この場合において、当該一の者及びこれとの間に直接支配関係がある一若しくは二以上の法人又は当該一の者との間に直接支配関係がある一若しくは二以上の法人が他の法人の発行済株式等の総数又は総額の百分の五十を超える数又は金額の株式又は出資を保有するときは、当該一の者は当該他の法人の発行済株式等の総数又は総額の百分の五十を超える数又は金額の株式又は出資を保有す

るものとみなす。

2　法第2条第十二号の七の六に規定する政令で定める関係は、一の者（その者が個人である場合には、その者及びこれと前条第1項に規定する特殊の関係のある個人）が法人の発行済株式等（発行済株式（自己が有する自己の株式を除く。）の総数のうちに次に掲げる株式の数を合計した数の占める割合が百分の五に満たない場合の当該株式を除く。以下この項において同じ。）の全部を保有する場合における当該一の者と当該法人との間の関係（以下この項において「直接完全支配関係」という。）とする。この場合において、当該一の者及びこれとの間に直接完全支配関係がある一若しくは二以上の法人又は当該一の者との間に直接完全支配関係がある一若しくは二以上の法人が他の法人の発行済株式等の全部を保有するときは、当該一の者は当該他の法人の発行済株式等の全部を保有するものとみなす。

一　当該法人の使用人が組合員となつている民法第667条第1項（組合契約）に規定する組合契約（当該法人の発行する株式を取得することを主たる目的とするものに限る。）による組合（組合員となる者が当該使用人に限られているものに限る。）の当該主たる目的に従つて取得された当該法人の株式

二　会社法第238条第2項（募集事項の決定）の決議（同法第239条第1項（募集事項の決定の委任）の決議による委任に基づく同項に規定する募集事項の決定及び同法第240条第1項（公開会社における募集事項の決定の特則）の規定による取締役会の決議を含む。）により当該法人の役員又は使用人（当該役員又は使用人であつた者及び当該者の相続人を含む。以下この号において「役員等」という。）に付与された新株予約権（次に掲げる権利を含む。）の行使によつて取得された当該法人の株式（当該役員等が有するものに限る。）

　イ　商法等の一部を改正する等の法律第1条（商法の一部改正）の規定による改正前の商法第210条ノ2第2項（取締役又は使用人に譲渡するための自己株式の取得）の決議により当該法人の役員等に付与された同項第三号に規定する権利

> ロ　商法等の一部を改正する法律第1条（商法の一部改正）の規定による改正前の商法第280条ノ19第2項（取締役又は使用人に対する新株引受権の付与）の決議により当該法人の役員等に付与された同項に規定する新株の引受権
> ハ　会社法の施行に伴う関係法律の整備等に関する法律第64条（商法の一部改正）の規定による改正前の商法第280条ノ21第1項（新株予約権の有利発行の決議）の決議により当該法人の役員等に付与された新株予約権
>
> ＊一部カッコ書きを省略

(2)　「一の者」

「一の者」には、連結納税の場合の連結親法人とは異なり、外国法人や個人等も含まれる。また、個人である場合には、その者と同族関係者にある以下の者が含まれる（法令4の2①による4①の準用）。

> 【同族関係者（法令4①）】
>
> 一　株主等の親族
> 二　株主等と婚姻の届出をしていないが事実上婚姻関係と同様の事情にある者
> 三　株主等（個人である株主等に限る。次号において同じ。）の使用人
> 四　前三号に掲げる者以外の者で株主等から受ける金銭その他の資産によって生計を維持しているもの
> 五　前三号に掲げる者と生計を一にするこれらの者の親族

ただし、資産の譲渡取引における損益の繰り延べの適用対象となる取引は、完全支配関係にある内国法人の間の取引とされており、外国法人や個

人等が頂点となる完全支配関係においては、グループ内の法人がその外国法人や個人等との間で資産の譲渡を行っても適用されないなど、個々の制度については、それぞれの場合における適用対象を確認することが必要となる。

(3) 「発行済株式等」

「発行済株式」には、法人税法におけるその他の規定と同様に、会社法上の「株式」に該当するものがすべて含まれる。すなわち、普通株式のみならず、会社の「支配」には関係のない無議決権株式や優先配当株式などの種類株式も含まれる。

ただし、「発行済株式等」の算定にあたっては、自己株式を除くほか、連結納税における5％アローワンスと同様に、一の者が保有しているのと同様と考えられる使用人のみで組織されたいわゆる従業員持株会が取得した株式（法令4の2②一）、及び従業員・役員等に付与された新株予約権＝ストック・オプション（同二）の合計が、自己株式を除いた発行済株式の5％未満であれば完全支配関係にあることになる。

(4) 「直接支配関係・直接完全支配関係」

「一の者」が、法人の発行済株式等の総数または総額の50％を超える数または金額の株式または出資を保有する場合における「一の者」と法人との間の関係が「直接支配関係」である。

「一の者」が、法人の「発行済株式等の全部を直接若しくは間接に保有する」場合における「一の者」と法人との間の関係が「直接完全支配関係」である。

これらの場合において、「当該一の者及びこれとの間に直接支配関係・

Ⅰ　グループ法人税制の創設

　「直接完全支配関係がある一若しくは二以上の法人」または「当該一の者との間に直接支配関係・直接完全支配関係がある一若しくは二以上の法人」が他の法人の発行済株式等を直接支配関係・直接完全支配関係に達するまで保有している場合には、一の者は他の法人の発行済株式等の総数または50％超あるいは全部を「保有するもの」とみなされる。

【みなし直接完全支配関係】

ア　「当該一の者及びこれとの間に直接完全支配関係がある一若しくは二以上の法人」が他の法人の発行済株式等の全部を保有するとき

　　一の者が法人Ｂ、法人Ｃの発行済株式等の全部を保有するものとみなす

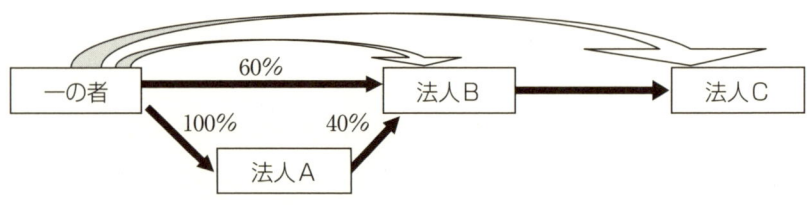

イ　「当該一の者との間に直接完全支配関係がある一若しくは二以上の法人」が他の法人の発行済株式等の全部を保有するとき

　　一の者が法人Ｃ、法人Ｄの発行済株式等の全部を保有するものとみなす

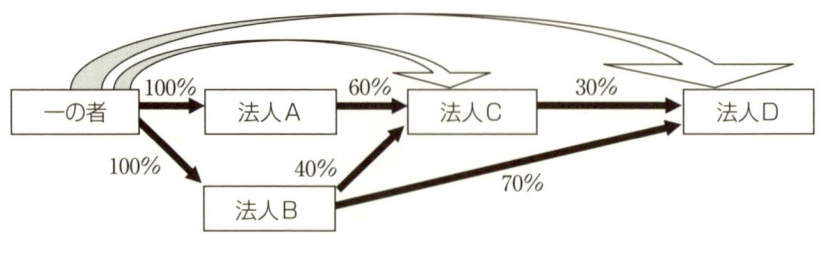

すなわち、一の者と法人との間に「当事者間の支配の関係（法法２十二の七の五）」あるいは「当事者間の完全支配の関係（法法２十二の七の六）」がある場合には、一の者から見て法人が間接保有関係にある場合であっても、その法人の株式を直接に保有しているとみなして、グループ法人税制や企業組織再編税制の関係条項を適用していくことになる。

(5) 「一の者との間に当事者間の完全支配の関係がある法人相互の関係」

「一の者」が「発行済株式等の全部を直接若しくは間接に保有する」法人の相互間の関係も完全支配関係である。連結納税制度であれば、連結子法人相互の関係がこれに該当する。

ここで、「一の者」が個人である場合には同族関係者をも含むことから、親子や兄弟が、それぞれ別に発行済株式の100％を保有している法人があるならば、これらの法人の間には何らの資本的なつながりがない場合であっても、これら法人相互の関係は「完全支配関係」に含まれることとなる。

このような法人が、常に経済的に一体の関係にあるとみなすべきかは疑問なしとしないが、同族関係者が別々に保有する法人の間で含み損のある

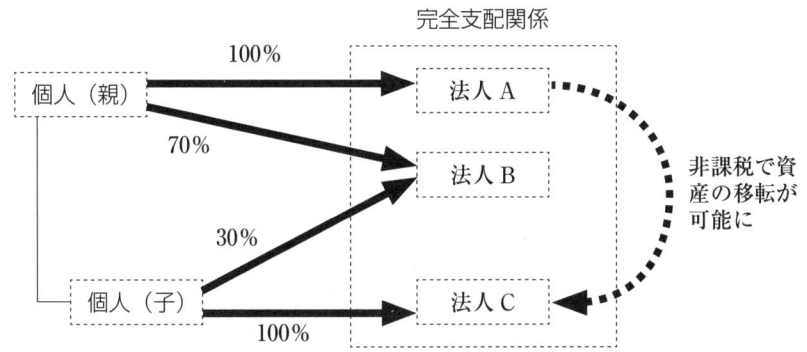

【個人（同族関係者）が100％保有する会社相互の完全支配関係】

資産を譲渡し、損失を計上しながら、資産に対する支配は依然として確保するような節税策を封じることが、グループ法人税制創設の一つの動機であったとも言えよう。

一方では、この仕組みにより、親が所有する会社から、相続人である子が所有する別の会社へ土地や株式等を課税されることなく移転できることとなるため、相続税対策としての活用可能性も否定できない。

(6) 連結完全支配関係

法人税法に支配関係及び完全支配関係の定義規定が設けられたことを受けて「連結完全支配関係」の規定も以下のように改められている。ただし、その実質的な内容は従来と変わりない。

【法法2（定義）】

十二の七の七　連結完全支配関係
　連結親法人と連結子法人との間の完全支配関係（第4条の2に規定する政令で定める関係に限る。以下この号において同じ。）又は連結親法人との間に完全支配関係がある連結子法人相互の関係をいう。

第3節 完全支配関係がある法人間の資産の譲渡取引

　完全支配関係がある内国法人間で一定の資産の移転を行ったことにより生ずる譲渡損益は、その資産のそのグループ外への移転等の時に、その移転を行った法人において計上する。

(1) 譲渡損益の繰り延べ

　グループ法人間取引に係る譲渡損益の繰り延べは、これまで連結納税制度特有の制度（旧法法81の10）であった特定の資産の譲渡損益の繰り延べの適用対象が、完全支配関係がある法人間の取引にまで拡大されたものとして理解することができる。
　具体的には、法人税法第61条の13（完全支配関係がある法人の間の取引の損益）として、以下のような規定が設けられた。

> 【完全支配関係がある法人の間の取引の損益（法法61の13①②）】
>
> 1　内国法人（普通法人又は協同組合等に限る。）がその有する譲渡損益調整資産（固定資産、土地（土地の上に存する権利を含み、固定資産に該当するものを除く。）、有価証券、金銭債権及び繰延資産で政令で定めるもの以外のものをいう。以下この条において同じ。）を他の内国法人（当該内国法人との間に完全支配関係がある普通法人又は協同組合等に限る。）に譲渡した場合には、

I グループ法人税制の創設

> 当該譲渡損益調整資産に係る譲渡利益額（その譲渡に係る対価の額が原価の額を超える場合におけるその超える部分の金額をいう。以下この条において同じ。）又は譲渡損失額（その譲渡に係る原価の額が対価の額を超える場合におけるその超える部分の金額をいう。以下この条において同じ。）に相当する金額は、その譲渡した事業年度（その譲渡が適格合併に該当しない合併による合併法人への移転である場合には、次条第2項に規定する最後事業年度）の所得の金額の計算上、損金の額又は益金の額に算入する。
> 2　内国法人が譲渡損益調整資産に係る譲渡利益額又は譲渡損失額につき前項の規定の適用を受けた場合において、その譲渡を受けた法人（以下この条において「譲受法人」という。）において当該譲渡損益調整資産の譲渡、償却、評価換え、貸倒れ、除却その他の政令で定める事由が生じたときは、当該譲渡損益調整資産に係る譲渡利益額又は譲渡損失額に相当する金額は、政令で定めるところにより、当該内国法人の各事業年度（当該譲渡利益額又は譲渡損失額につき次項又は第4項の規定の適用を受ける事業年度以後の事業年度を除く。）の所得の金額の計算上、益金の額又は損金の額に算入する。

　これにより、含み損のある固定資産、土地や株式をグループ企業間で取引することにより譲渡損失を計上することが封じられる。なお、検討の過程では、海外の税制を参考に、譲渡損失の計上のみを否認するとの考えも示されていたが、単なる節税防止策以上の意味がなく、完全支配関係下にあるグループ企業を一体とみなして課税するとの原則を確立するために、譲渡損益ともに課税を繰り延べることになった。
　一方で、100％グループ内におけるこれらの資産の移転は非課税となることから、設備の集約などグループ内での適切な資源配置を課税関係を考慮せずに行うことができる。また、事業全体をグループ内のある法人から別の法人に移管することが、会社分割等を行うことなく、資産譲渡取引として可能となることでグループ経営のリストラクチャリングを迅速に進めることにもつながる。ただし、その場合には、営業権等の無形固定資産の

帳簿価額が1,000万円未満である場合には、この部分については課税関係が生じることとなる。

【参考：グループ法人間の資産譲渡取引における損益の扱い】

	グループ法人間の譲渡損益の扱い	譲渡損益の実現時期
日　本	（改正前）連結法人間のみ損益を繰り延べ （改正後）譲渡損益ともに繰り延べ	グループ外への譲渡等
アメリカ	譲渡損のみ繰り延べ	グループ外への譲渡等
イギリス	譲渡損益ともに繰り延べ	グループ外への譲渡等
ドイツ	損益ともに繰り延べなし（連結納税グループ内のみ損益繰り延べ）	（グループ外への譲渡等）
フランス	損益ともに繰り延べなし	

　また、これに合せて完全支配関係にある内国法人間の合併は非適格であっても課税がされない等、企業組織再編成税制にも大きな改正があったが、これらは**第Ⅳ章**で説明する。

(2) 譲渡損益調整資産

　経済的に一体とみなすことができる企業グループ内での取引等には課税関係を生じさせないことが本来の制度創設の趣旨であれば、完全支配関係がある法人間ではすべての資産の譲渡取引について課税を繰り延べることも考えられよう。

　しかし、連結納税制度においても、実務上の観点などから課税が繰り延べられているのは特定の資産＝譲渡損益調整資産（旧法法81の10、旧法法61の13①）のみとされている。例えば、製造業者とその子会社である販売会社の間で棚卸資産を取引しても、その多くは短期間のうちにグループ外に移転していくのであり、その取引に係る譲渡損益を繰り延べたとしても、多くは同一事業年度の内に実現するものと考えられる。

I グループ法人税制の創設

　今回の改正では、連結納税制度における譲渡損益の調整を完全支配関係がある法人間に拡大したとされることから、完全支配関係がある法人間において課税繰り延べの対象となる「譲渡損益調整資産」についても連結納税制度とまったく同じく、「固定資産、土地（土地の上に存する権利を含み、固定資産に該当するものを除く）、有価証券、金銭債権及び繰延資産で政令で定めるもの以外のもの」（法法61の13①）とされている。

　また、これらの資産であっても対象とはならないものとして、政令で以下のように定められている（法令122の14①）。

【譲渡損益調整資産のうちから除外されているもの（法令122の14①）】

一　売買目的有価証券
二　譲受法人において売買目的有価証券とされる有価証券
三　譲渡の直前の帳簿価額（その譲渡した資産を財務省令で定める単位に区分した後のそれぞれの資産の帳簿価額）が1,000万円に満たない資産（第一号に掲げるものを除く。）

　　　　　　　　　　　　　　　＊必要に応じカッコ書きを省略、改変

　なお、帳簿価額が1,000万円に満たない資産の単位は、法人税法施行規則により以下のように規定されている（法規27の13の3による27の15①の準用）。

【資産の単位（法規27の15①）】

一　金銭債権　一の債務者ごとに区分するものとする。
二　減価償却資産　次に掲げる区分に応じそれぞれ次に定めるところによる。
　イ　建物　一棟（建物の区分所有等に関する法律第一条（建物の区分所有）の規定に該当する建物にあつては、同法第二条第一項（定義）に規定する

> 　　建物の部分）ごとに区分するものとする。
> 　ロ　機械及び装置　一の生産設備又は一台若しくは一基（通常一組又は一式をもつて取引の単位とされるものにあつては、一組又は一式）ごとに区分するものとする。
> 　ハ　その他の減価償却資産　イ又はロに準じて区分するものとする。
> 三　土地等（令第123条の8第三項第一号に規定する土地等をいう。以下この号において同じ。）　土地等を一筆（一体として事業の用に供される一団の土地等にあつては、その一団の土地等）ごとに区分するものとする。
> 四　有価証券　その銘柄の異なるごとに区分するものとする。
> 五　その他の資産　通常の取引の単位を基準として区分するものとする。

(3)　譲渡損益の実現

①　譲渡損益が実現する場合

　グループ内では課税関係を生じさせないとする趣旨からは、当該資産が完全支配関係の外へと移転される時点まで譲渡損益を繰り延べることも考えられる。しかし、資産がグループ外に移転される時まで繰り延べるとするならば、煩雑となるのみならず、例えば土地を分筆してグループ内で再譲渡するなどの場合では譲渡損益自体の認識も困難となる。

　そこで、譲渡損益調整資産の譲渡を受けた内国法人＝譲受法人において、以下に該当する場合には、その譲渡損益調整資産に係る譲渡利益額・譲渡損失額に相当する金額の全部または一部は、譲渡をした内国法人＝譲渡法人の当該事業年度において益金の額または損金の額に算入する。

　ア　譲渡損益調整資産につき譲受法人において譲渡、償却、評価換え、貸倒れ、除却その他の政令で定める事由が生じた場合（法法61の13②）
　イ　当該内国法人と当該譲受法人との間に完全支配関係を有しないこととなった場合（法法61の13③）

ウ　連結納税制度の適用開始、連結納税グループへの加入に際し譲受法人が時価評価の適用対象となる場合（法法61の13④）

② **組織再編成があった場合の扱い**

　譲渡損益調整資産に係る譲渡損益の繰り延べを行った後に、譲渡法人、譲受法人について組織再編成があった場合には、以下の扱いとなる。

　譲渡法人が、完全支配関係がある法人との間の適格合併により解散した場合には、合併法人の合併の日の属する事業年度以後の各事業年度において、合併法人を譲渡法人とみなして本条の規定が適用される（法法61の13⑤）。

　譲受法人が、完全支配関係がある法人との間の適格合併、適格分割、適格現物出資または適格現物分配により合併法人等に譲渡損益調整資産を移転した場合には、移転した日以後に終了する各事業年度において、合併法人等を譲受法人とみなして本条の規定が適用される（法法61の13⑥）。

③ **益金の額または損金の額として計上される金額**

　譲渡損益調整資産につき譲渡損益が実現する「譲受法人において譲渡、償却、評価換え、貸倒れ、除却その他の政令で定める事由が生じた場合（法法61の13②）」、及びそれぞれの場合に譲渡法人において益金の額または損金の額として計上される金額は、以下の各号のとおりとなる。

　なお、以下の各号に定める金額と当該譲渡利益額または譲渡損失額に係る「調整済額＝譲渡損益調整資産に係る譲渡利益額又は譲渡損失額に相当する金額につき、既に譲渡法人の各事業年度の所得の金額又は各連結事業年度の連結所得の金額の計算上益金の額又は損金の額に算入された金額の合計額（法令122の14⑤）」とを合計した金額が、当該譲渡利益額または譲渡損失額に相当する金額を超える場合には、その超える部分の金額を控除した金額が、益金の額または損金の額となる（法令122の14④）。

　一　次に掲げる事由：当該譲渡利益額または譲渡損失額に相当する金額
　　イ　当該譲渡損益調整資産の譲渡、貸倒れ、除却その他これらに類する事由（次号から第八号までに掲げる事由を除く）

ロ　当該譲渡損益調整資産の適格分割型分割による分割承継法人への移転

ハ　普通法人または協同組合等である当該譲受法人が公益法人等に該当することとなったこと。

二　当該譲渡損益調整資産が譲受法人において、資産の評価益の益金不算入等（法法25②）に規定する評価換えによりその帳簿価額を増額され、その増額された部分の金額が益金の額に算入されたことまたは同条第3項に規定する資産に該当し、当該譲渡損益調整資産の同項に規定する評価益の額として政令で定める金額が益金の額に算入されたこと：当該譲渡利益額または譲渡損失額に相当する金額

三　当該譲渡損益調整資産が譲受法人において減価償却資産に該当し、その償却費が損金の額に算入されたこと：当該譲渡利益額または譲渡損失額に相当する金額に、当該譲受法人における当該譲渡損益調整資産の取得価額のうちに当該損金の額に算入された金額の占める割合を乗じて計算した金額

四　当該譲渡損益調整資産が譲受法人において繰延資産に該当し、その償却費が損金の額に算入されたこと：当該譲渡利益額または譲渡損失額に相当する金額に、当該譲受法人における当該譲渡損益調整資産の額のうちに当該損金の額に算入された金額の占める割合を乗じて計算した金額

五　当該譲渡損益調整資産が譲受法人において、資産の評価損の損金不算入等（法法33②）に規定する評価換えによりその帳簿価額を減額され、当該譲渡損益調整資産の同項に規定する差額に達するまでの金額が損金の額に算入されたこと、同条第3項に規定する評価換えによりその帳簿価額を減額され、その減額された部分の金額が損金の額に算入されたこと、または同条第4項に規定する資産に該当し、当該譲渡損益調整資産の同項に規定する評価損の額として政令で定める金額が損金

の額に算入されたこと：当該譲渡利益額または譲渡損失額に相当する金額

六 有価証券である当該譲渡損益調整資産と銘柄を同じくする有価証券（売買目的有価証券を除く）の譲渡（当該譲受法人が取得した当該銘柄を同じくする有価証券である譲渡損益調整資産の数に達するまでの譲渡に限る）：当該譲渡利益額または譲渡損失額に相当する金額のうちその譲渡をした数に対応する部分の金額

七 当該譲渡損益調整資産が譲受法人において償還有価証券の帳簿価額の調整（法令119の14）に規定する償還有価証券（以下この号において「償還有価証券」という）に該当し、当該譲渡損益調整資産につき償還有価証券の調整差益または調整差損の益金または損金算入（法令139の2①）に規定する調整差益または調整差損が益金の額または損金の額に算入されたこと：当該譲渡利益額または譲渡損失額に相当する金額（すでにこの号に掲げる事由が生じたことによる調整済額がある場合には、当該調整済額を控除した金額）に、当該内国法人の当該事業年度開始の日から当該償還有価証券の償還日までの期間の日数のうちに当該内国法人の当該事業年度の日数の占める割合を乗じて計算した金額

八 当該譲渡損益調整資産が譲受法人において連結納税の開始に伴う資産の時価評価損益（法法61の11①）に規定する時価評価資産に該当し、当該譲渡損益調整資産につき同項に規定する評価益または評価損が益金の額または損金の額に算入されたこと：当該譲渡利益額または譲渡損失額に相当する金額

譲渡損益調整資産が譲受法人において減価償却資産または繰延資産に該当する場合には、当該譲渡損益調整資産の次の各号に掲げる区分に応じ当該各号に定める金額を第4項第三号または第四号に定める金額とみなして、上記第三号及び第四号の規定が適用される（法令122の14⑥）。

一　減価償却資産：当該譲渡利益額または譲渡損失額に相当する金額にイに掲げる月数をロに掲げる数で除して得た割合を乗じて計算した金額
　　イ　当該内国法人の当該事業年度開始の日からその終了の日までの期間（当該譲渡の日の前日までの期間を除く）の月数
　　ロ　当該譲受法人が当該譲渡損益調整資産について適用する耐用年数に12を乗じて得た数
二　繰延資産：当該譲渡利益額または譲渡損失額に相当する金額にイに掲げる月数をロに掲げる月数で除して得た割合を乗じて計算した金額
　　イ　当該内国法人の当該事業年度開始の日からその終了の日までの期間（当該譲渡の日の前日までの期間を除く）の月数
　　ロ　当該繰延資産となった費用の支出の効果の及ぶ期間の月数

なお、これらの場合の月数は、暦に従って計算し、1月に満たない端数を生じたときは、これを1月とする（法令122の14⑦）。

(4)　当事者間の通知

連結納税制度の下では、譲渡損益調整資産の譲渡及び損益の実現は連結親法人により把握されることが当然であるが、完全支配関係にある法人間においては、同族関係者がそれぞれ100％を保有する法人間の場合など当事者間には何らのつながりがない場合までもが含まれる。

そこで、譲渡損益調整資産の譲渡及び損益の実現等については当事者間で通知を行うべきこととされた（法令122の14⑯～⑱）。

ア　譲渡損益調整資産の譲渡について、譲渡法人から譲受法人に遅滞なく譲渡損益調整資産に該当する旨を通知しなければならない（法令122の14⑯）。

Ⅰ　グループ法人税制の創設

　　イ　譲受法人は譲渡された資産が、売買目的有価証券となる場合にはその旨を、減価償却資産である場合には当該資産について適用する耐用年数、繰延資産である場合には当該資産の支出の効果の及ぶ期間を通知しなければならない（法令122の14⑰）。
　　ウ　譲受法人は、譲渡損益調整資産につき損益が実現する事由が生じたときは、その旨及びその生じた日を、当該事由が生じた事業年度終了後遅滞なく譲渡法人に通知しなければならない（法令122の14⑱）。

(5)　適用時期

　これらの改正は、法人が平成22年10月1日以後に行う譲渡損益調整資産の譲渡について適用される。法人が同日前に行った旧法人税法第61条の13（分割等前事業年度等における連結法人間取引の損益の調整）第1項に規定する譲渡損益調整資産の譲渡に係る同項に規定する譲渡利益額または譲渡損失額については、次に規定する場合を除き、なお従前の例による（平成22年改正法附則22①）。
　法人が平成22年10月1日前に行った旧法人税法第61条の13第1項または第81条の10（連結法人間取引の損益の調整）第1項に規定する譲渡損益調整資産（「旧譲渡損益調整資産」）の譲渡に係る譲渡利益額または譲渡損失額（「旧譲渡損益額」）に相当する金額につき同日において益金の額または損金の額に算入されていない金額がある場合には、当該旧譲渡損益調整資産を改正法人税法第61条の13第1項に規定する譲渡損益調整資産と、当該旧譲渡損益額を同項に規定する譲渡損益調整資産に係る同項に規定する譲渡利益額または譲渡損失額と、当該法人を当該譲渡利益額または譲渡損失額につき同項の規定の適用を受けた法人と、当該旧譲渡損益調整資産の譲渡を受けた法人を同条第2項に規定する譲受法人と、当該旧譲渡損益額に相当する金額につき旧法人税法第61条の13第2項または第81条の10第2項の規定に

より益金の額または損金の額に算入された金額を当該譲渡利益額または譲渡損失額に相当する金額につき改正法人税法第61条の13第2項の規定により益金の額または損金の額に算入された金額と、それぞれみなして、同条第2項から第6項までの規定を適用する（平成22年改正法附則22②）。

　連結法人が平成22年9月30日以前に行った旧法人税法第81条の10第1項に規定する譲渡損益調整資産の譲渡に係る同項に規定する譲渡利益額または譲渡損失額については、附則第22条第2項に規定する場合を除き、なお従前の例による（平成22年改正法附則27）。

Ⅰ　グループ法人税制の創設

第4節　完全支配関係にある法人間の寄附

　完全支配関係がある内国法人間の寄附金について、その経済実態を内部の資金移動と捉える観点から、支出側の法人において全額を損金不算入とされるとともに、受領側の法人において受贈益の額は、全額を益金不算入とされる。なお、個人（同族関係者を含む）により100％保有される内国法人間での寄附金については、この規定は適用されず、従来どおりの扱いとなる。

(1)　受贈益の益金不算入

　内国法人が法人（外国法人による場合も含む）による完全支配関係にある他の内国法人から受けた受贈益の額（次の寄附金の額に対応するものに限る）は、当該内国法人の所得の計算上、益金の額に算入されない（法法25の2①）。

> 【受増益の益金不算入（法法25の2①）】
>
> 　内国法人が各事業年度において当該内国法人との間に完全支配関係（法人による完全支配関係に限る。）がある他の内国法人から受けた受贈益の額（第37条（寄附金の損金不算入）又は第81条の6（連結事業年度における寄附金の損金不算入）の規定を適用しないとした場合に当該他の内国法人の各事業年度の所得の金額又は各連結事業年度の連結所得の金額の計算上損金の額に算入される第

> 37条第7項（第81条の6第6項において準用する場合を含む。）に規定する寄附
> 金の額に対応するものに限る。）は、当該内国法人の各事業年度の所得の金額の
> 計算上、益金の額に算入しない。

　受贈益の額は、寄附金、拠出金、見舞金その他いずれの名義をもってされるかを問わず、内国法人が金銭その他の資産または経済的な利益の贈与または無償の供与（広告宣伝及び見本品の費用その他これらに類する費用ならびに交際費、接待費及び福利厚生費とされるべきものを除く）を受けた場合の当該金銭の額もしくは金銭以外の資産のその贈与の時における価額または当該経済的な利益のその供与の時における価額による（法法25の2②）。

　また、資産の低廉譲渡等については、資産の譲渡時の時価と対価との差額等が受贈益の額となる（法法25の2③）。

(2) 寄附金の損金不算入

　一方で、内国法人が完全支配関係にある他の内国法人に対して支出した寄附金の額（前述の受贈益の額に対応するものに限る）は、当該内国法人の所得の計算上、損金の額に算入されない（法法37②）。

> 【寄附金の損金不算入（法法37②）】
>
> 　内国法人が各事業年度において当該内国法人との間に完全支配関係（法人による完全支配関係に限る。）がある他の内国法人に対して支出した寄附金の額（第25条の2（受贈益の益金不算入）又は第81条の3第1項（第25条の2に係る部分に限る。）（個別益金額又は個別損金額の益金又は損金算入）の規定を適用しないとした場合に当該他の内国法人の各事業年度の所得の金額又は各連結事業年度の連結所得の金額の計算上益金に算入される第25条の2第2項に規定する

I グループ法人税制の創設

> 受贈益の額に対応するものに限る。)は、当該内国法人の各事業年度の所得の金額の計算上、損金の額に算入しない。

(3) 寄附金・受贈益がある場合の利益積立金

　寄附金を損金不算入とし、受贈益を益金不算入とする場合、寄附を行った法人と寄附を受けた法人の所得の増減と利益積立金の増減を切り離し、利益積立金を一方の法人から他方の法人に移転させることになるため、連結納税制度における投資簿価修正と同様の措置を講じて、親法人の利益積立金を調整する必要がある。

　そこで、完全支配関係にある内国法人間で、支出側で損金不算入となる寄附金、受取側で益金不算入となる受増益の授受が行われた場合には、当該法人の親法人である法人の利益積立金の加算項目に「寄附修正事由」が新たに規定された(法令9①七、9の2①五)。

　「寄附修正事由」とは、子法人が完全支配関係がある他の内国法人から

【寄附修正のイメージ（財務省資料より）】

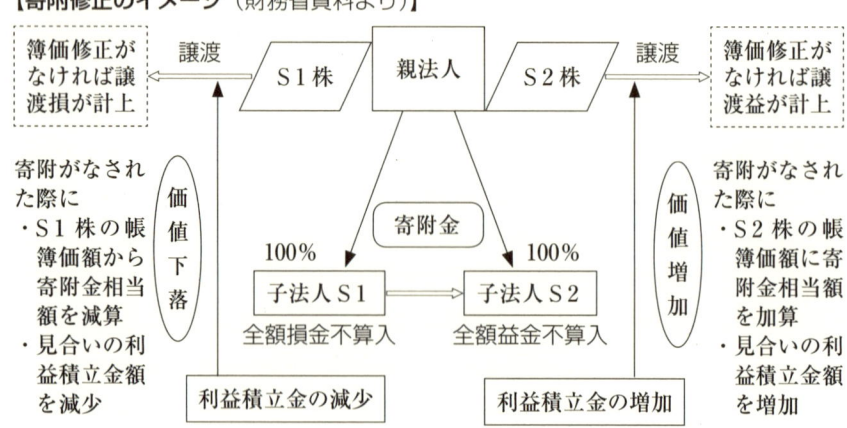

簿価修正がなければ譲渡損が計上	← 譲渡 S1株	親法人	S2株 譲渡 →	簿価修正がなければ譲渡益が計上
寄附がなされた際に ・S1株の帳簿価額から寄附金相当額を減算 ・見合いの利益積立金額を減少	価値下落	寄附金 100% ↓ 子法人S1 → 子法人S2 100% 全額損金不算入　全額益金不算入 利益積立金の減少　利益積立金の増加	価値増加	寄附がなされた際に ・S2株の帳簿価額に寄附金相当額を加算 ・見合いの利益積立金額を増加

第4節　完全支配関係にある法人間の寄附

支出された側で寄附金が損金不算入となる受贈益の額を受け、または子法人が完全支配関係がある他の内国法人に対してその受贈益が受取側で益金不算入となる寄附金の額を支出したことをいう。

具体的には、法人が有する完全支配関係（連結完全支配関係を除く）がある子法人の株式または出資について「寄附修正事由」が生ずる場合には、当該受贈益の額に当該寄附修正事由に係る持分割合（当該子法人の寄附修正事由が生じた時の直前の発行済株式または出資（当該子法人が有する自己の株式または出資を除く）の総数または総額のうちに当該法人が当該直前に有する当該子法人の株式または出資の数または金額の占める割合をいう）を乗じて計算した金額から、寄附修正事由が生ずる場合の当該寄附金の額に当該寄附修正事由に係る持分割合を乗じて計算した金額を減算した金額が、利益積立金に加算される。

(4)　株式の帳簿価額の算出の特例

また、移動平均法を適用する有価証券の1単位当たりの帳簿価額の算出について、寄附修正事由がある場合の特例として、以下が追加されている（法令119の3⑥）。

「内国法人の有する施行令第9条第1項第七号に規定する子法人の株式について同号に規定する寄附修正事由が生じた場合には、その株式の当該寄附修正事由が生じた直後の移動平均法により算出した1単位当たりの帳簿価額は、当該寄附修正事由が生じた時の直前の帳簿価額に同号に掲げる金額を加算した金額をその株式の数で除して計算した金額とする。」

(5)　適用時期

この改正は、法人が平成22年10月1日以後に支出する寄附金の額及び同

日以後に受ける受贈益の額について適用される（平成22年改正法附則16、18、25）。

(6) 連結法人間の寄附金

　従来、連結納税制度における連結法人間の寄附金については、支出側で全額損金不算入、受領側で受贈益として全額課税とされており、連結納税制度の普及を阻む大きな要因となっていたが、今回の改正に合わせて連結法人間の寄附金についても、支出法人において全額損金不算入（法法81の6②）、受領法人において全額益金不算入（法法81の3①）とされる。

　この規定は、連結法人が平成22年10月1日以後に支出する同項に規定する寄附金の額について適用し、連結法人が同日前に支出した旧法人税法第81条の6第2項に規定する寄附金の額については、なお従前の例による。

第5節 完全支配関係にある法人からの受取配当金の益金不算入

　受取配当の益金不算入制度において負債利子控除を行わない対象は、これまでは連結法人株式等に係る配当の額に限定されていたが（旧法法81の4③）、完全支配関係がある内国法人からの受取配当について益金不算入制度を適用する場合には、負債利子控除を適用しないこととされた。

(1) 負債利子控除の不適用

　100％企業グループ内の資金調達に対する中立性を確保する観点や、完全支配関係がある子法人からの配当は間接的に行われる事業からの資金移転とみなし得ることなどから、配当等の額の計算期間を通じて内国法人との間に完全支配関係があった他の内国法人（公益法人等及び人格のない社団等を除く）に係る株式等＝「完全子法人株式等」からの配当等については、負債利子控除を行わないこととされた（法法23④、81の4④）。ただし、剰余金の配当等であっても適格現物分配に該当する場合には、本制度の対象となる配当等の額に該当しない（法法23①）。
　改正後においては、株式の区分は、100％グループ内の内国法人からの受取配当等である完全子法人株式等に係る配当等の額、関係法人株式等に係る配当等の額、完全子法人株式等及び関係法人株式等のいずれにも該当しない株式等に係る配当等の額の3分類となる。

(2) 完全子法人株式等

　負債利子控除不適用の対象となる「完全子法人株式等」とは、配当等の額の計算期間の開始の日から当該計算期間の末日まで継続して、内国法人とその支払いを受ける配当等の額を支払う他の内国法人との間に完全支配関係があった場合の当該他の内国法人の株式または出資をいう（法令22の2①）。

　その支払いを受ける配当等の額が配当等の額とみなす金額（法法24①）であるときは、当該金額の支払いに係る効力が生ずる日の前日において当該内国法人と当該他の内国法人との間に完全支配関係があった場合の当該他の内国法人の株式または出資をいう。

　また、当該内国法人が計算期間の中途において当該他の内国法人との間に完全支配関係を有することとなった場合には、当該計算期間の開始の日から当該完全支配関係を有することとなった日まで継続して当該他の内国法人と他の者との間に当該他の者による完全支配関係があり、かつ、同日から当該計算期間の末日まで継続して当該内国法人と当該他の者との間及び当該他の内国法人と当該他の者との間に当該他の者による完全支配関係があったときを含む。

(3) 計算期間

　「計算期間」とは、その配当等の額の支払いを受ける直前に当該配当等の額を支払う他の内国法人により支払われた配当等の額（適格現物分配に係るものを含む）の支払いに係る基準日の翌日（次の各号に掲げる場合には、当該各号に定める日）からその支払いを受ける配当等の額の支払いに係る基準日までの期間である（法令22の2②）。

　一　当該翌日がその支払いを受ける配当等の額の支払いに係る基準日の

1年前の日以前の日である場合またはその支払いを受ける配当等の額が当該1年前の日以前に設立された他の内国法人からその設立の日以後最初に支払われる配当等の額である場合
　：当該1年前の日の翌日
二　その支払いを受ける配当等の額がその支払いに係る基準日前1年以内に設立された他の内国法人からその設立の日以後最初に支払われる配当等の額である場合
　：当該設立の日
三　その支払いを受ける配当等の額がその配当等の額の元本である株式または出資を発行した他の内国法人からその支払いに係る基準日前1年以内に取得した株式または出資につきその取得の日以後最初に支払われる配当等の額である場合
　：当該取得の日

　なお、内国法人が当該内国法人を合併法人とする適格合併（当該内国法人との間に完全支配関係がある他の法人を被合併法人とするものを除く）により当該適格合併に係る被合併法人から配当等の額の元本である当該被合併法人との間に完全支配関係がある他の内国法人の株式または出資の移転を受けた場合において、当該適格合併が当該配当等の額の前述した計算期間の末日の翌日から当該配当等の額の支払いに係る効力が生ずる日までの間に行われたものであるときは、この規定の適用については、当該被合併法人と当該他の内国法人との間に完全支配関係があった期間は、当該内国法人と当該他の内国法人との間に完全支配関係があったものとみなされる（法令22の2③）。

(4) 適用時期

　この改正は、平成22年4月1日以後に開始する事業年度または連結事業年度において受け取る配当等の額について適用される。なお、平成22年4月1日以後に開始する事業年度において支払いを受けた配当等の額に係る計算期間が同日前に開始している場合であっても、計算期間を通じて完全支配関係があるならば新制度が適用される（平成22年改正法附則10①、24①）。

第6節 完全支配関係にある法人間の株式の発行法人への譲渡の際の損益

　100％グループ内の内国法人の株式を発行法人に対して譲渡する等の場合には、その譲渡損益を計上しない。

(1) 改正前の制度

　改正前の制度では、単体納税では、自己株式の買取り等の場合に、金銭等の交付資産の価額のうち当該株式の発行法人の資本金等の額に対応する部分の金額を超える部分はみなし配当として取り扱われる一方（法法24①）、当該株式の譲渡対価は、金銭等の交付された資産の価額から当該みなし配当の金額を控除したものとされていた（旧法法61の2①一）。
　一方、連結納税では、連結法人間取引の損益の調整から株式をその発行法人に譲渡した場合が除かれていた（旧法法81の10①）。これは、資本構成の変更の取扱いと所得計算の取扱いとは分けて捉える必要があるため、所得計算の取扱いの対象から資本構成の変更である自己株式の取得が除かれているものと考えられる。
　株式をその発行法人に譲渡する株主の側において、株式の帳簿価額が低く、みなし配当と株式の譲渡益が生ずるケースと、株式の帳簿価額が高く、みなし配当と株式の譲渡損が生ずるケースを想定してみると、いずれのケースにおいても、みなし配当とされた金額について受取配当等益金不算入制度を適用して益金不算入となった金額に相当する金額だけ所得の金額

(2) みなし配当がある場合の譲渡損益の否認

　今回の改正では、内国法人がその所有株式を、株式を発行した完全支配関係がある他の内国法人に対して、自己株式の取得として譲渡するなど、みなし配当（法法24①一）が生じる事由（法人税法第24条第2項の規定の適用がある合併及び第4項に規定する金銭等不交付分割型分割を除く）により金銭その他の資産の交付を受けた場合（当該他の内国法人の資本の払戻しもしくは解散による残余財産の一部の分配または口数の定めがない出資についての出資の払戻しに係るものである場合にあっては、その交付を受けた時において当該所有株式を有する場合に限る）または当該事由により当該他の内国法人の株式を有しないこととなった場合（残余財産の分配を受けないことが確定した場合を含む）においては、その有価証券の譲渡に係る対価の額は原価の額に相当する金額とされる（法法61の2⑯）。すなわちその譲渡損益は計上されない。この場合、譲渡損益相当額を譲渡法人の資本金等の額に加減算する（法令8①十九）。

　なお、今回の改正により、完全支配関係がない他の法人が自己株式として取得することを予定して取得した株式が自己株式として取得された際には譲渡損益はそのまま計上され、みなし配当について益金不算入制度が適用されないこととされた（後述**第Ⅲ章第1節**）。両者の扱いが異なるのは、

【完全支配関係にある法人間の株式の発行法人への譲渡】（財務省資料より）

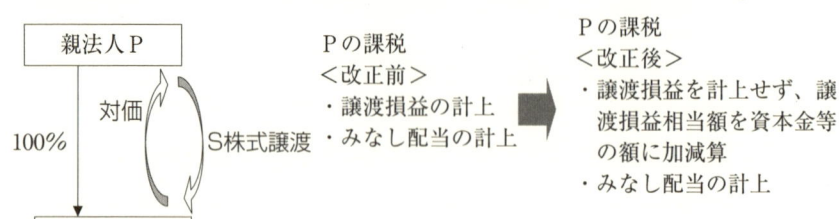

```
親法人P ──100%──→ 子法人S
       対価 ⇆ S株式譲渡
```

Pの課税
＜改正前＞
・譲渡損益の計上
・みなし配当の計上

→

Pの課税
＜改正後＞
・譲渡損益を計上せず、譲渡損益相当額を資本金等の額に加減算
・みなし配当の計上

完全支配関係がある法人間の取引について課税関係を生じさせないようにするとのグループ法人税制の原則を優先させたためと考えられる。

(3) 適用時期

この改正は、法人が平成22年10月1日以後に自己株式の取得等により金銭その他の資産の交付を受けた場合に適用される（平成22年改正法附則21）。

Ⅰ　グループ法人税制の創設

第7節　中小企業向け特例措置の大法人の100％子法人に対する適用

　法人税法上の中小法人（資本金の額または出資金の額が1億円以下の法人）に係る次の制度については、資本金の額もしくは出資金の額が5億円以上の法人または相互会社等の100％子法人には適用しない。
　(1)　軽減税率（法法66②⑥二イ）
　(2)　特定同族会社の特別税率の不適用（法法67①）
　(3)　貸倒引当金の法定繰入率（措法57の10）
　(4)　交際費の損金不算入制度における定額控除制度（措法61の4）
　(5)　欠損金の繰戻しによる還付制度（措法66の13）

　法人の資本金等を基準とした各種制度の適用の可否について親法人の資本金等の規模も判定要素とすることの是非について、「資本に関係する取引等に係る税制についての勉強会論点取りまとめ」では、次のように様々な考え方があることが指摘されていた。

　「グループ子法人の経営上の位置づけ等を踏まえた検討を行うべきという意見や、各特例制度の趣旨に照らし検討をする必要があるとの意見もある一方、単独の中小零細企業と異なり資金調達能力等に対する政策的配慮の必要性が乏しいため中小企業に対する特例を受けさせる必要がないとの意見や、大法人が事業部門を中小法人に分社化した場合と一社集中させた場合とで税負担が大きく異なることは適当ではないという意見、グループ子法人の経営上の位置付けに配慮すると、大法人が有する個々

第7節　中小企業向け特例措置の大法人の100％子法人に対する適用

の事業の位置付けにも配慮して、法人内法人の取扱いを認めざるを得なくなるなどの理由から適当ではないとの意見があった。」

　このような考え方を踏まえ、資本金の額または出資金の額が５億円以上の法人を頂点とする企業グループに属する中小法人については、上記の中小企業に関する特例措置を適用しないこととされた。
　なお、資本金・出資金額５億円以上がその基準とされたのは、税法上の大法人では社会通念上の大企業より広範にすぎるため、会社法上、会計監査人の設置義務、業務の適正を確保するための体制の整備義務、連結計算書類の作成義務（大会社のうち有価証券報告書提出会社に限る）などが義務づけられている「大会社」の定義（最終事業年度に係る貸借対照表に計上した資本金の額が５億円以上、または負債の額が200億円以上である会社）に準じたためと説明されている。ただし負債額基準は適用されていない。
　この改正は、法人の平成22年４月１日以後に開始する事業年度について適用される（平成22年改正法附則10①、73）。

第Ⅱ章

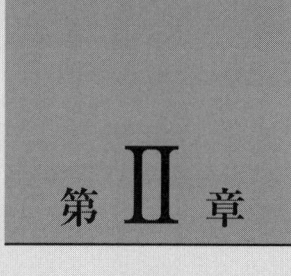

連結納税制度の改善

第1節 連結納税適用開始・子会社加入の際の欠損金

　連結納税の開始または連結グループへの加入に伴う資産の時価評価制度の適用対象外となる連結子法人のその開始または加入前に生じた欠損金額を、その個別所得金額を限度として、連結納税制度の下での繰越控除の対象に追加する。

(1) 改正前の税制－子会社の欠損金の切捨てと時価評価

① 連結納税適用開始前・加入前の子会社の欠損金の切捨て

　改正前の法人税では、連結納税の開始、連結グループへの加入に際しては、従前の単体納税の下での単体法人を納税単位とする課税関係を清算した後に連結納税の適用を受ける仕組みとするという観点から、原則として、連結子法人となる法人の連結納税適用開始・加入前に生じていた青色欠損金を連結納税の下で繰越控除することは認めないこととされていた（旧法法81の9）。

② みなし連結欠損金額

　ただし、以下の欠損金額または連結欠損金個別帰属額については、連結納税制度適用開始前に生じた欠損金額であっても、連結事業年度において生じた欠損金額とみなして連結納税制度の下で繰越控除することができる（法法81の9②）。この連結欠損金とみなされたもののうち、ア及びイについては最初の連結事業年度以後の各連結事業年度、ウについては適格合併等

の日の属する連結事業年度以後の各連結事業年度において繰越控除を行う。

ア　連結親法人の欠損金

　　連結親法人は連結グループ全体の経済的実態を表していると考えられることから、連結納税制度適用開始前7年以内に生じた連結親法人の欠損金額は連結納税グループに持ち込むことができる（旧法法81の9②一）。例えば、ある事業部門を会社分割、営業譲渡などで分社化していくならば、当該事業部門で生じていた赤字であっても新設会社に振り替えることはできず、親会社の欠損金として累積していくことを考えるならば当然の扱いである。

　　このみなし連結欠損金額が生じたものとされる連結事業年度は、その欠損金額の生じた連結親法人の事業年度をその連結親法人の連結事業年度とみなした場合のその連結事業年度の連結欠損金額として繰越控除していく（法令155の19①②）。

イ　一定の株式移転によって連結親法人となる会社を設立した場合

　　株式移転によって親会社となる法人を設立する場合には、従前の会社の欠損金を親会社に引き継ぐことはできず、そのまま完全子会社となる法人にとどめられる。そこで、株式移転後の完全子会社である連結子法人の欠損金額は、事実上、連結親法人の欠損金額と見ることができることから、連結納税制度適用開始前5年以内に行われた株式移転によって設立された連結親法人が、連結子法人である完全子会社の発行済株式のすべてを当該株式移転の日から継続して保有している場合における当該連結子法人の適用開始前7年以内に生じた欠損金額または連結欠損金額の個別帰属額は連結欠損金として引き継ぐ（旧法法81の9②二）。

　　ただし、株式移転の直前に、完全子会社となる法人が、他の法人に発行済株式総数の50％を超える株式を保有されている場合は、その法人の欠損金額は連結納税グループに持ち込むことができない（法令155

の19⑤)。

ウ　連結親法人を合併法人としグループ外法人を被合併法人とする合併等の場合

　連結親法人と完全支配関係を有しない法人との間で、連結親法人を合併法人または分割承継法人とする適格合併または合併類似適格分割型分割（旧法法57②）が行われた場合における、被合併法人等の当該適格合併等の日7年以内に生じた未処理欠損金額または連結欠損金額の個別帰属額は連結欠損金として引き継ぐ（旧法法81の9②三）。

　ただし、当該法人間において特定資本関係（持分割合50％超の関係）が5年以内（当該連結親法人の当該適格合併等の日の属する連結親法人事業年度開始の日の5年前の日以後）に生じている場合には、法人税法第57条第3項に規定する「みなし共同事業要件」を満たす必要があり、満たさない場合は、同項によりないものとされる欠損金額は連結納税グループに持ち込むことができない。

【連結納税制度適用前に生じた欠損金額の繰越控除（改正前）】

原　則	例　　外	
連結納税制度適用前に生じた欠損金額は連結納税制度の下での繰越控除の対象外	連結親法人の連結納税制度適用開始前7年以内に生じた欠損金額	連結納税制度適用開始前に生じた欠損金額を連結納税制度の下で繰越控除する
	連結納税制度適用開始前5年以内に行われた株式移転により完全子法人となり、以後継続して100％子法人である法人の連結納税制度適用開始前7年以内に生じた欠損金額	

Ⅱ 連結納税制度の改善

【参考：連結納税制度適用開始時における資産の時価評価】

※資産とは固定資産、土地等、有価証券（売買目的有価証券を除く）、金銭債権、繰延資産を指す。ただし、含み損益が資本金等の額の2分の1または1,000万円のいずれか低い額に満たないものを除く。

親会社	時価評価なし	
子会社	時価評価なし	原則時価評価 ただし以下の場合は時価評価なし ①新設子会社（親会社またはその100％子会社の100％子会社として設立された法人） ②株式移転により完全子会社となった法人 ③適格合併・合併類似適格分割型分割の被合併法人・分割法人の100％子会社 　ⅰ）最初の連結事業年度開始の日の5年前の日から適格合併・合併類似適格分割型分割の日の前日までに被合併法人・分割法人が100％子会社として新設した法人 　ⅱ）最初の連結事業年度開始の日の5年前の日から継続して被合併法人・分割法人の100％子会社である法人 ④法令の規定に基づく株式の当該法人・親会社・その100％子会社の買取りにより100％子会社となった法人（買取り対象以外の株式の全部を最初の連結事業年度開始の日の5年前の日（あるいは設立の日）から継続保有） 　ⅰ）端株の買取りその他これに類する買取り 　ⅱ）当該法人の株主が法令の規定によりその有するその法人の株式の保有を制限されたことに伴う買取り ⑤一定の要件を満たす株式交換により完全子会社となった法人 （一定の要件）イ　完全子会社となる法人がその資産の全部（棚卸資産、法令により保有を制限されるもの等を除く）を連結開始後に譲渡、評価替え、貸倒れ、除却等をする見込みがないこと 　　　　　　ロ　連結開始直前の事業年度の法人税の申告期限までに各資産の明細を管轄の税務署に届け出ること 　　　　　　ハ　連結開始直前事業年度の終了の時において、親会社が継続して当該法人の株式を保有することが見込まれること 　　　　　　ニ　明らかに法人税を免れる目的であると認められるものでないこと
孫会社	時価評価なし	原則時価評価 ただし以下の場合は時価評価なし ①株式移転により完全子会社となった法人の100％子会社 　ⅰ）最初の連結事業年度開始の日の5年前の日から株式移転の日までに完全子会社が100％子会社として新設した法人 　ⅱ）最初の連結事業年度開始の日の5年前の日から継続して完全子会社の100％子会社である法人 ②一定の要件を満たす株式交換により完全子会社となった法人の100％子会社 　ⅰ）最初の連結事業年度開始の日の5年前の日から株式移転の日までに完全子会社が100％子会社として新設した法人 　ⅱ）最初の連結事業年度開始の日の5年前の日から継続して完全子会社の100％子会社である法人
最初の連結事業年度開始の日の5年前の日以前	最初の連結事業年度開始の日の5年前の日から	

③　連結納税適用開始前・加入前の子会社の時価評価

　原則として、連結子法人が連結直前の単体申告において保有する一定の資産については時価で評価して課税関係を清算する（法法61の11、61の12）。

　この制度は、連結子会社は連結納税制度適用開始前・加入前に生じた繰越欠損金が持ち込めないにもかかわらず、連結納税制度適用開始前・加入前から保有する含み損のある資産について、開始後・加入後に譲渡して損失を実現できるならば整合性が取れないためと説明されている。しかし、すべての連結子法人について時価評価を行うならば連結納税制度の利用が著しく困難となるため、課税上の弊害が少ないと考えられる場合については時価評価の対象とならない。

(2) 連結子法人の連結適用開始前・加入前の欠損金の利用制限の見直し

　しかしながら、連結納税制度適用開始前・加入前の子法人の欠損金額自体を否認することは、連結納税制度そのものの理論的帰結ではなく、連結前の欠損金であってもその法人の個別所得との間でのみ相殺するのであれば、連結前の欠損金を連結納税制度の中に持ち込み連結所得を減らすという課税上の弊害も少ないと考えられる。また、この制度自体、平成14年度改正における連結納税制度創設時には財源措置の一環として理解されていた。

　そこで、今回の改正により、資産の時価評価制度との整合性を確保するという観点から見直しが行われ、連結納税制度の適用開始または連結グループへの加入に伴う資産の時価評価制度の適用対象外となる連結子法人については、その連結納税開始の日前７年以内において生じた青色欠損金額・災害損失欠損金額、及び連結グループへの加入の日前７年以内において生じた青色欠損金額・災害損失欠損金額を、その連結子法人の個別所得金額を限度として、連結納税の下での繰越控除の対象とできることとされ

II 連結納税制度の改善

た。

連結納税の開始または連結グループへの加入に伴う資産の時価評価制度の適用対象外となる連結子法人には、次の法人が該当する。

① **連結納税の開始の場合（法法61の11①②）**
　ア　株式移転完全子法人
　イ　長期（5年超）保有されている100％子会社
　ウ　連結親法人となる法人またはその完全子法人により設立された100％子会社
　エ　適格株式交換に係る株式交換完全子法人
　オ　完全子法人が適格三角合併を行った結果、連結親法人となる法人の100％子会社となったもの
　カ　適格合併に係る被合併法人が長期保有していた100％子会社でその適格合併により連結親法人となる法人の100％子会社となったもの
　キ　適格株式交換に係る株式交換完全子法人が長期保有していた100％子会社でその適格株式交換により連結親法人となる法人の100％子会社となったもの
　ク　適格株式移転に係る株式移転完全子法人が長期保有していた100％子会社でその適格株式移転により連結親法人となる法人の100％子会社となったもの
　ケ　法令の規定に基づく株式の買取り等により100％子会社となったもの

なお、アの株式移転完全子法人は、これまでもその欠損金を連結納税の下で繰越控除できることとされていたので、新たに、その欠損金を個別所得金額を限度として連結納税の下で繰越控除できる対象となるのは、上記イ～ケの法人となる。

第1節 連結納税適用開始・子会社加入の際の欠損金

② 連結グループへの加入の場合（法法61の12①②）

ア 連結親法人または連結子法人により設立された100％子会社

イ 適格合併に係る被合併法人が長期保有していた100％子会社でその適格合併により連結親法人の100％子会社となったもの

ウ 連結子法人が適格三角株式交換により発行済株式の全部を保有することとなった法人

エ 適格合併に係る被合併法人が長期保有していた100％子会社でその適格合併により連結親法人の100％子会社となったもの

オ 適格株式交換に係る株式交換完全子法人が長期保有していた100％子会社でその適格株式交換により連結親法人の100％子会社となったもの

カ 法令の規定に基づく株式の買取り等により100％子会社となったもの

【連結子法人の連結前の欠損金の持込制限の見直し（財務省資料より）】

```
                連結開始          連結所得
                   ┊
 ┌─────┐         ┊
 │連結親法人│ ▲ ⇒ ▲ ──控除可──→ 連結親法人所得
 └─────┘         ┊      ╲
                   ┊        ╲
 ┌─────┐         ┊          ╲
 │連結子法人1│ ▲ ⇒ ▲ ─────→ 連結子法人1の個別所得
 └─────┘         ┊  控除可*      ╲
                   ┊                ╲
 ┌─────┐         ┊                  ╲
 │連結子法人2│ ▲ ⇒ ▲ ─────→ 連結子法人2の個別所得
 └─────┘         ┊  控除可*
```

＊子法人の連結開始前欠損金の控除は、子法人の個別所得金額が限度。

改正後の制度では、これらの時価評価対象外子法人（＝「特定連結子法人」）の有する欠損金額がみなし連結欠損金額（＝「特定連結欠損金額」）として、個別所得金額の範囲で繰越控除の対象に追加される（法法81の9②）。

併せて、従来、みなし連結欠損金額として認められていた、連結親法人が連結グループ外の内国法人を吸収合併（適格合併）する場合の被合併法人の未処理欠損金額は、連結親法人の個別所得金額の範囲で繰越控除することとなる。

(3) 連結欠損金額の繰越控除の原則

連結欠損金額の繰越控除は、その連結欠損金額の生じた連結事業年度ごとに区分し、古い連結事業年度のものから順に控除する（法法81の9①）。

すなわち、同一の連結事業年度に生じた連結欠損金額の繰越控除にあたっては、まず、繰越控除前の連結所得の各連結子法人（連結親法人が吸収合併した法人の未処理欠損金額の場合は当該連結親法人）ごとの個別所得金額を限度として、それぞれの連結子法人の有する当該連結事業年度に生じた連結欠損金額のうち特定連結欠損金額に該当するものをピックアップして集

【連結欠損金額の繰越控除の順序】

1．当該連結事業年度開始の日前7年以内に生じた連結欠損金額は、当期において繰越控除する。
2．繰り越された連結欠損金額が2以上の連結事業年度において生じたものから成る場合には、そのうち最も古い事業年度において生じたものから順次繰越控除する。
3．同一の連結事業年度において、特定連結欠損金額以外の連結欠損金額と特定連結欠損金額がある場合には、まず、特定連結欠損金額を繰越控除し、その後に特定連結欠損金額以外の連結欠損金額を繰越控除する。

第1節　連結納税適用開始・子会社加入の際の欠損金

【連結欠損金額の繰越控除の順序のイメージ（財務省資料による）】

	前7年	前6年	前5年	前4年	前3年	前2年	前1年	当　期
連結親法人				▲③				所得
連結子法人1	△①			△②				所得
連結子法人2	△①					△④		所得
連結子法人3								所得

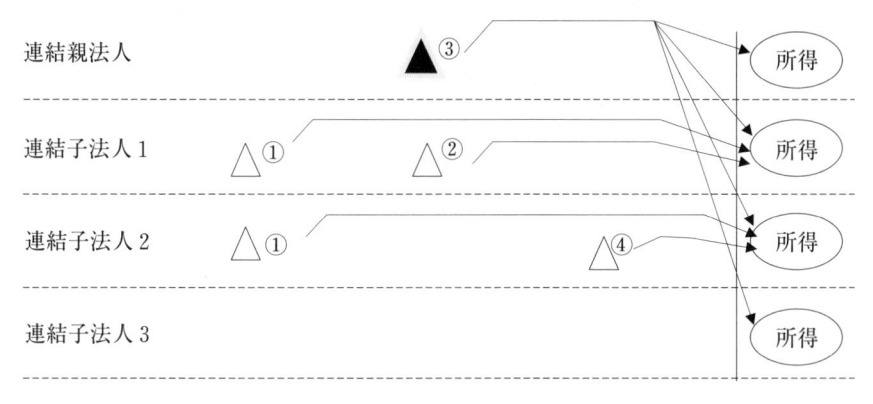

計する。

　連結所得から、その合計額を控除してなお余りがあれば、その範囲で、特定連結欠損金額以外の連結欠損金額を控除することとなる。

(4) 限度超過額の計算

　連結事業年度開始の日前7年以内に生じた連結欠損金額に相当する金額は、各連結事業年度の連結所得の金額の計算上、損金の額に算入される。ただし、連結欠損金額をその生じた連結事業年度ごとに区分した後の、それぞれの連結欠損金額に係る限度を超過する額の合計額については、損金に算入することができない。この控除限度超過額については、詳細な規定が法人税法第81条の9第1項に置かれているので、まず、第1項全体を見渡した上で、控除限度超過額の計算規定を条文を分解しながら見ていくこととする。

Ⅱ 連結納税制度の改善

【連結欠損金額に係る限度超過額（法法81の9①）】

　連結親法人の各連結事業年度開始の日前七年以内に開始した連結事業年度において生じた連結欠損金額（この項の規定により当該各連結事業年度前の連結事業年度の連結所得の金額の計算上損金の額に算入されたものを除く。）がある場合には、当該連結欠損金額に相当する金額は、当該各連結事業年度の連結所得の金額の計算上、損金の額に算入する。ただし、当該連結欠損金額をその生じた連結事業年度ごとに区分した後のそれぞれの連結欠損金額に係る限度超過額（当該連結欠損金額が次の各号に掲げる場合のいずれに該当するかに応じ当該各号に定める金額をいう。）の合計額については、この限りでない。

一　当該連結欠損金額のうちに特定連結欠損金額が含まれる場合　次に掲げる金額の合計額（当該合計額が次号に定める金額に満たない場合には、同号に定める金額）

　　イ　当該特定連結欠損金額に係る特定連結欠損金個別帰属額を有する各連結法人の当該特定連結欠損金個別帰属額が当該各連結事業年度の当該各連結法人の控除対象個別所得金額（当該連結欠損金額につき本文の規定を適用せず、かつ、個別損金額を計算する場合の「現物分配による資産の譲渡」の規定を適用しないものとして計算した場合における「連結法人税個別帰属額の計算」に規定する個別所得金額をいい、当該特定連結欠損金個別帰属額の生じた連結事業年度前の連結事業年度において生じた連結欠損金額に相当する金額で本文の規定により当該各連結事業年度の連結所得の金額の計算上損金の額に算入されるもののうち当該連結法人に帰せられる金額がある場合には、当該帰せられる金額に相当する金額を控除した金額とする。ロにおいて同じ。）を超える場合のその超える部分の金額の合計額

　　ロ　当該連結欠損金額から当該特定連結欠損金額を控除した金額が当該連結欠損金額につき本文の規定を適用せず、かつ、個別損金額を計算する場合の「現物分配による資産の譲渡」の規定を適用しないものとして計算した場合における当該各連結事業年度の連結所得の金額（当該連結欠損金額の生じた連結事業年度前の連結事業年度において生じた連結欠損金額に相当

第1節　連結納税適用開始・子会社加入の際の欠損金

> する金額で本文の規定により当該各連結事業年度の連結所得の金額の計算上損金の額に算入されるものがある場合には、当該損金の額に算入される金額を控除した金額。次号において「控除前連結所得金額」という。）から当該特定連結欠損金額に係る特定連結欠損金個別帰属額を有する各連結法人の特定連結欠損金個別控除額（当該特定連結欠損金個別帰属額と当該各連結事業年度の控除対象個別所得金額とのうちいずれか少ない金額をいう。）の合計額を控除した金額を超える場合のその超える部分の金額
> 二　前号に掲げる場合以外の場合　当該連結欠損金額が控除前連結所得金額を超える場合のその超える部分の金額
>
> ＊必要に応じカッコ書きを省略、改変

①　法人税法第81条の9第1項第一号の金額（イ＋ロ）

　連結欠損金額のうちに「特定連結欠損金額」、すなわち特定連結子法人（＝時価評価対象外子法人）の有する欠損金額でみなし連結欠損金額として、個別所得金額の範囲で繰越控除の対象に追加される金額が含まれる場合には、以下のイの金額とロの金額の合計額が限度超過額となる。ただし、その合計額が次号に定める金額に満たない場合には、第二号に定める金額が限度超過額となる。

　　イ　特定連結欠損金額に係る特定連結欠損金個別帰属額を有する各連結法人の特定連結欠損金個別帰属額が、各連結事業年度のそれぞれの連結法人の「控除対象個別所得金額」を超える場合のその超える部分の金額の合計額。

　ここで、「控除対象個別所得金額」とは、「連結親法人の各連結事業年度開始の日前7年以内に開始した連結事業年度において生じた連結欠損金額として、各連結事業年度の連結所得の金額の計算上、損金の額に算入することをしないものとして」、かつ、「個別損金額を計算する場合の『現物分配による資産の譲渡（法法62の5⑤)』の規定を適用しないものとして」計

Ⅱ 連結納税制度の改善

算した場合における「連結法人税個別帰属額の計算(法法81の18①)」に規定する個別所得金額をいい、「特定連結欠損金個別帰属額の生じた連結事業年度前の連結事業年度において生じた連結欠損金額に相当する金額で各連結事業年度の連結所得の金額の計算上損金の額に算入されるもののうちその連結法人に帰せられる金額がある場合には、当該帰せられる金額に相当する金額を控除した金額」となる。

ロ 「連結欠損金額から特定連結欠損金額を控除した金額が当該連結欠損金額につき法第81条の9第1項本文の規定を適用せず」、かつ、「個別損金額を計算する場合の『現物分配による資産の譲渡(法法62の5⑤)』の規定を適用しないものとして計算した場合における各連結事業年度の連結所得の金額（その連結欠損金額の生じた連結事業年度前の連結事業年度において生じた連結欠損金額に相当する金額で各連結事業年度の連結所得の金額の計算上損金の額に算入されるものがある場合には、当該損金の額に算入される金額を控除した金額＝「控除前連結所得金額」)」から、「特定連結欠損金額に係る特定連結欠損金個別帰属額を有する各連結法人の特定連結欠損金個別控除額（＝当該特定連結欠損金個別帰属額と当該各連結事業年度の控除対象個別所得金額とのうちいずれか少ない金額）の合計額を控除した金額を超える場合のその超える部分の金額」

第1節　連結納税適用開始・子会社加入の際の欠損金

【財務省資料による第1項第一号の金額（イ＋ロ）のイメージ】
イ　特定連結欠損金額のうち繰越控除されない部分

　　　　　　　　　　　　　　　　　　　　　　　　　　　イの金額

　　　　　　　　　　　　　　　　　　　　　　　　各連結法人
　　　　　　　　　　　　　　　　　　　　　　　　の合計額

　　A　a　　　B　b　　　C　c

個別所得　個別欠損　個別所得　個別欠損　個別所得　個別欠損
　連結法人A　　　　　連結法人B　　　　　連結法人C

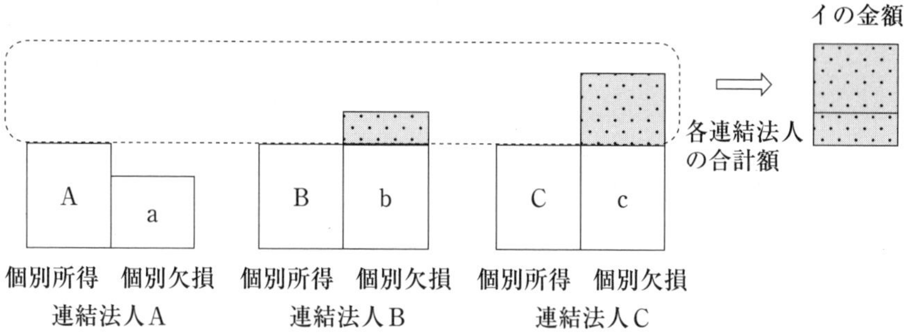

ロ　特定連結欠損金額以外の連結欠損金額のうち、繰越控除されない部分

控除限度となる　　　控除対象となる
連結所得金額　　　　連結欠損金額

　　　　　　　　特定分
　　　　　　　　以外の
　　　　　　　　連結欠
　　　　　　　　損金額
　　　　　　　　　d

　D　　　　　　　　　　　　　　　　　　　　　　ロの金額
　　　　　　　c　　c
　C　　C
　B　　B　　b　　b
　A　　a　　a　　a

控除前連　各連結法人　連結欠　特定連結　連結所　連結欠
結所得金　の特定連結　損金額　欠損金額　得金額　損金額
額　　　　欠損金個別
　　　　　控除額の合
　　　　　計額

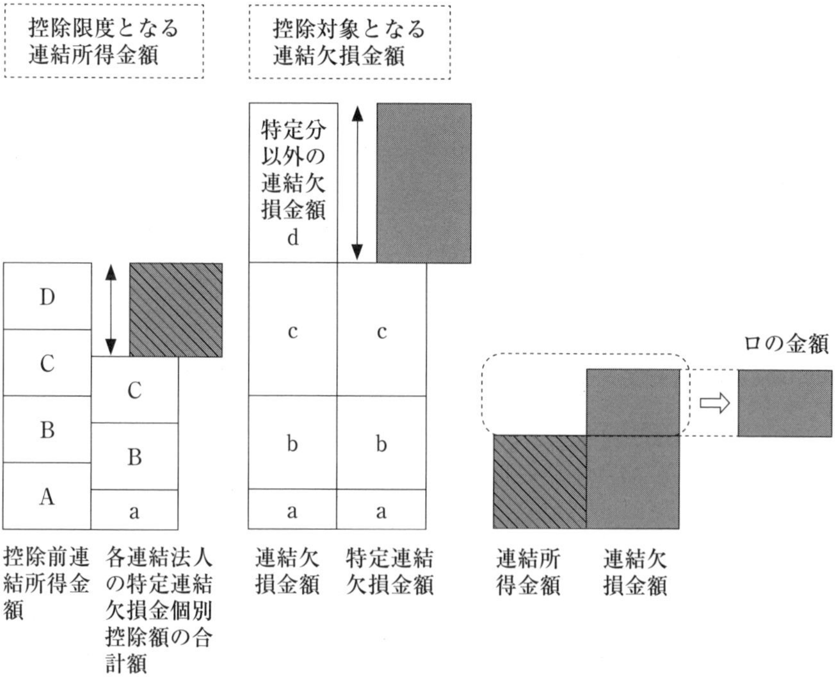

Ⅱ　連結納税制度の改善

② 　法人税法第81条の９第１項第二号の金額

　連結欠損金額のうちに「特定連結欠損金額」が含まれていない場合には、当該連結欠損金額が控除前連結所得金額を超える場合のその超える部分の金額が限度超過額となる。

【財務省資料による第１項第二号の金額のイメージ】

（図：控除前連結所得金額（A, B, C, D）と連結欠損金額（a, b, c, d）の比較図）

　控除前連結　　連結欠
　所得金額　　　損金額

○第一号の金額と第二号の金額との比較

　第一号の金額　　　　　第二号の金額

　　　　　　　＝

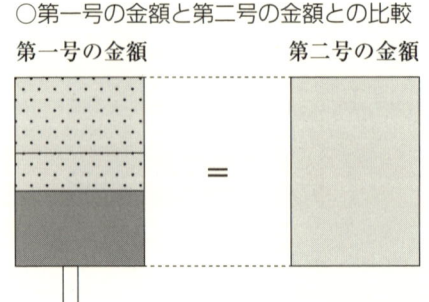

　→連結欠損金額に係る限度超過額
　　（連結欠損金額のうち繰越控除されない部分の金額）

「第一号の金額 ＜ 第二号の金額」の場合には、連結欠損金額に係る限度超過額は第二号の金額となる。

③ 連結欠損金繰越控除額のうち各連結法人に帰せられる額

　連結欠損金繰越控除額（＝連結事業年度の連結所得の金額の計算上損金の額に算入された連結欠損金額に相当する金額、法法81の9①）のうち各連結法人に帰せられる金額は、法人税法第81条の9第1項本文の連結欠損金額をその生じた連結事業年度ごとに区分した後のそれぞれの連結欠損金額に係る限度内額（次の各号に掲げる場合の区分に応じ当該各号に定める金額をいう）の合計額となる（法令155の21③）。

一　当該連結欠損金額のうちに特定連結欠損金額が含まれる場合（法法81の9①一）：次に掲げる金額の合計額（当該連結欠損金額が特定連結欠損金額のみから成る場合には、イに掲げる金額）

　イ　当該連結欠損金額のうちに含まれる特定連結欠損金額に係る当該連結法人の特定連結欠損金個別帰属額（法法81の9③）と当該連結事業年度の当該連結法人の控除対象個別所得金額（当該連結欠損金額に係る同条第1項に規定する限度超過額を計算する場合の同項第一号イに規定する控除対象個別所得金額）とのうちいずれか少ない金額（当該連結欠損金額に係る同号イ及びロに掲げる金額の合計額が同条第1項第二号に定める金額に満たない場合には、当該連結欠損金額に係る連結欠損金繰越控除額に、当該特定連結欠損金額に係る特定連結欠損金個別帰属額を有する各連結法人の当該いずれか少ない金額の合計額のうちに当該連結法人の当該いずれか少ない金額の占める割合を乗じて計算した金額）

　ロ　当該連結欠損金額に係る連結欠損金繰越控除額から当該連結欠損金額に係る各連結法人のイに掲げる金額の合計額を控除した金額に、各連結法人の控除前非特定連結欠損金個別帰属額（当該連結欠損金額に係る連結欠損金個別帰属額から当該連結欠損金額のうちに含まれる特定連結欠損金個別帰属額を控除した金額をいう。ロにおいて同じ）の

Ⅱ 連結納税制度の改善

【各連結法人に帰せられる金額（事業年度ごとの合計額）】（財務省資料による）

【特定連結欠損金額が含まれる場合：イ＋ロ（法令155の21③一）】

イ　特定連結欠損金額に係る部分（法法81の9①一イ）

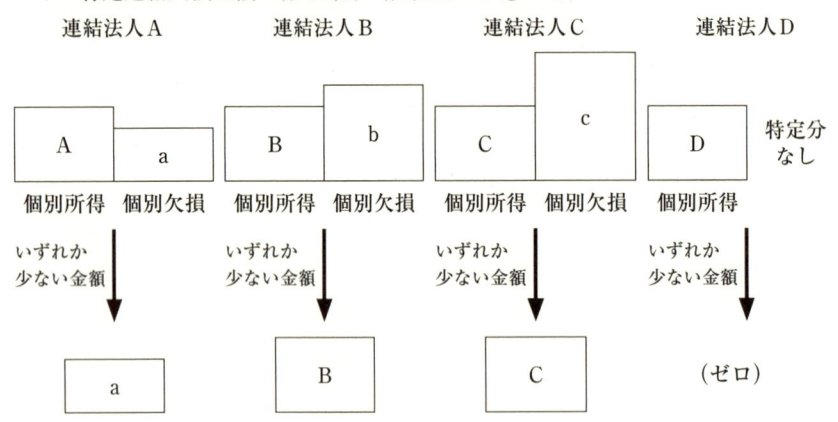

| 連結法人A | 連結法人B | 連結法人C | 連結法人D |

A　a　　　B　b　　　C　c　　　D　特定分なし

個別所得　個別欠損　個別所得　個別欠損　個別所得　個別欠損　個別所得

いずれか少ない金額　いずれか少ない金額　いずれか少ない金額　いずれか少ない金額

a　　　B　　　C　　　（ゼロ）

ロ　非特定連結欠損金額に係る部分（法法81の9①一ロ）

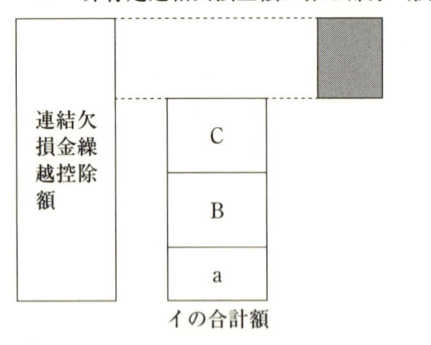

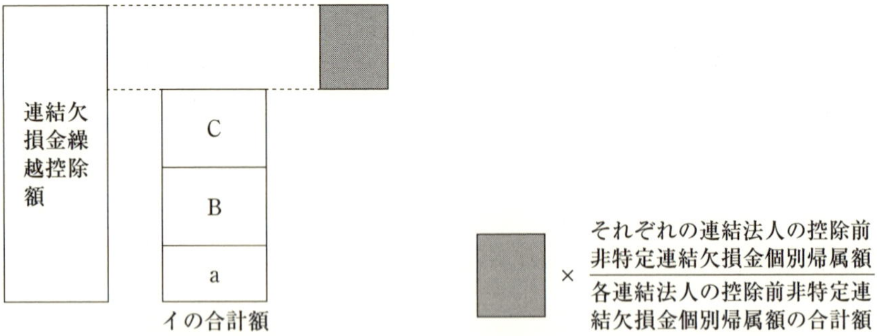

連結欠損金繰越控除額

C
B
a

イの合計額

■ × （それぞれの連結法人の控除前非特定連結欠損金個別帰属額） / （各連結法人の控除前非特定連結欠損金個別帰属額の合計額）

【特定連結欠損金額が含まれない場合（法令155の21③二）】

連結欠損金繰越控除額 × （それぞれの連結法人の連結欠損金個別帰属額） / （連結欠損金額）

合計額のうちに当該連結法人の控除前非特定連結欠損金個別帰属額の占める割合を乗じて計算した金額

二　特定連結欠損金額が含まれない場合（法法81の9①二）：当該連結欠損金額に係る連結欠損金繰越控除額に、当該連結欠損金額のうちに当該連結法人の当該連結欠損金額に係る連結欠損金個別帰属額の占める割合を乗じて計算した金額

(5) みなし連結欠損金額の追加

連結納税制度適用開始前に生じた欠損金額であっても、連結事業年度において生じた欠損金額とみなして連結納税制度の下で繰越控除することができる「みなし連結欠損金額」に、現行制度における

　ア　連結親法人の欠損金
　イ　一定の株式移転によって連結親法人となる会社を設立した場合
　ウ　連結親法人を合併法人とし、連結グループ外の法人を被合併法人とする適格合併の場合

に加えて、以下の場合が追加された。

①　連結納税の適用開始または連結納税への加入に伴う資産の時価評価制度（法法61の11、61の12）の適用除外となる法人（特定連結子法人）に適用開始・加入前7年以内に生じた欠損金額がある場合（法法81の9②一）。

②　連結子法人を合併法人とし、連結グループ外の法人を被合併法人とする適格合併等の場合（法法81の9②二）。

③　連結親法人と完全支配関係がある他の内国法人の残余財産が確定した場合（法法81の9②二）。

上記①～③まで、及びウに係るみなし連結欠損金額が、その損金算入額が各連結法人の個別所得の範囲に限られる「特定連結欠損金額」となる（法

法81の9③)。

(6) 連結子法人の残余財産が確定した場合

　今までの制度では、連結法人を合併法人とし、その法人と連結完全支配関係がある他の連結法人を被合併法人とする合併が行われた場合（合併の日が連結親法人事業年度開始の日である場合を除く）には、被合併法人の最後事業年度において生じた欠損金額相当額は、合併法人である連結法人の合併の日の属する連結事業年度の損金の額に算入する（法法81の9旧③→新④）。

　また、被合併法人の最後事業年度において繰越欠損金を控除する前に所得が生じていた場合には、最後事業年度前7年以内に生じた被合併法人の連結欠損金個別帰属額を単体の欠損金額とみなして、繰越控除の規定が適用される（法法57旧⑥→新⑤）。

　今回の改正により、連結子法人の残余財産が確定した場合（当該残余財産の確定の日が連結親法人事業年度終了の日である場合を除く）において、残余財産の確定の日の属する事業年度において生じた欠損金額があるときは、残余財産の確定の日の翌日の属する連結事業年度の連結所得の金額の計算上、損金の額に算入するとの規定が追加されている（法法81の9④）。

(7) 適用時期と経過措置

　以上の改正は、連結納税の承認の効力が生じた日（法法4の2）の属する連結親法人事業年度開始の日が施行日（平成22年4月1日）以後である連結親法人または欠損金の持ち込みが可能な連結子法人の欠損金額または連結欠損金個別帰属額について適用される。

① 連結欠損金の控除額の計算

　連結欠損金の控除額の計算に関する規定（法法81の9①）の規定は、連結

親法人の連結親法人事業年度が施行日(平成22年4月1日)以後に開始する連結事業年度の連結所得に対する法人税について適用し、連結親法人の連結親法人事業年度が施行日前に開始した連結事業年度の連結所得に対する法人税については、なお従前の例による(平成22年改正法附則26①)。

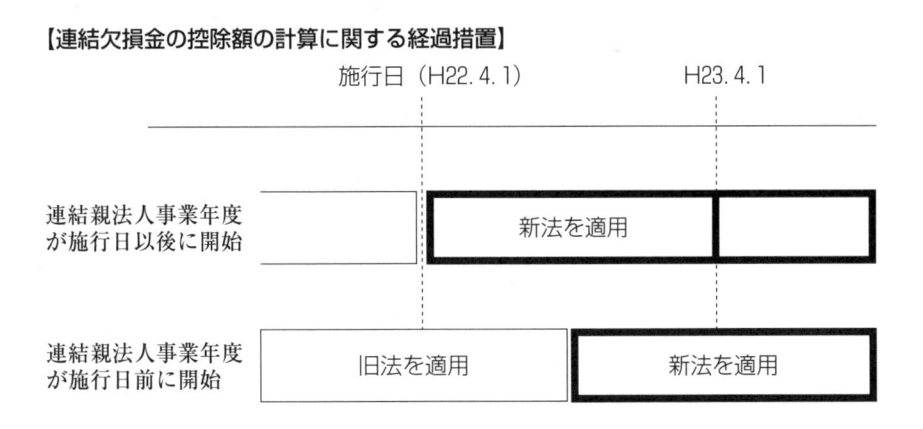

【連結欠損金の控除額の計算に関する経過措置】

	施行日(H22.4.1)		H23.4.1	
連結親法人事業年度が施行日以後に開始		新法を適用		
連結親法人事業年度が施行日前に開始	旧法を適用		新法を適用	

② 連結納税適用開始・子会社加入によるみなし連結欠損金の経過措置

みなし連結欠損金額に関する規定(法法81の9②③)は、連結承認日の属する連結親法人事業年度開始の日が施行日以後である法人について改正法が適用され、連結承認日の属する連結親法人事業年度開始の日が施行日前である法人については旧法による。すなわち連結親法人及び一定の株式移転完全子法人の欠損金額のみが持ち込み可能となる(平成22年改正法附則26②〜⑤)。

③ 合併・分割・残余財産確定によるみなし連結欠損金の経過措置

合併・分割・残余財産確定によるみなし連結欠損金の経過措置(平成22年改正法法附則26⑥〜⑧)を整理すれば、次表のようになる。

Ⅱ 連結納税制度の改善

【合併・分割・残余財産確定によるみなし連結欠損金の経過措置】（財務省資料より）

	旧法適用の連結親法人事業年度				新法適用の連結親法人事業年度			
	～22.9.30		22.10.1～23.9.30		22.4.1～22.9.30		22.10.1～	
	適用		適用		適用		適用	
合　併	旧法	引継ぎ親のみ	旧法	引継ぎ親のみ	旧法	引継ぎ親のみ	新法	引継ぎ親子とも（特定連結欠損金額）
合併類似適格分割型分割	旧法	引継ぎ親のみ	旧法	廃　止	旧法	引継ぎ親のみ	新法	廃　止
解散による残余財産の確定	旧法	×（清算所得課税）	旧法	引継ぎ×	旧法	×（清算所得課税）	新法	引継ぎ○（特定連結欠損金額）

64

第2節 承認申請・承認の取消し

　連結納税の承認申請書の提出期限について、その適用しようとする事業年度開始の日の3月前の日（現行6月前の日）となる。

　連結子法人については、解散をしても連結納税の承認を取り消さないこととし、残余財産の確定により連結納税の承認を取り消されることとなる。

(1) 改正前の制度

　連結納税制度適用の承認を受けようとするときは、連結親法人となる内国法人及び当該内国法人との間に完全支配関係がある連結子法人となる他の内国法人の「すべての連名」で、最初の連結事業年度としようとする期間の開始の日の6月前の日までに、「当該期間の開始の日その他財務省令で定める事項を記載した申請書」を、連結親法人となる内国法人の納税地の所轄税務署長を経由して、国税庁長官に提出する（旧法法4の3①）。

　ただし、株式移転により親会社となる持株会社を設立し、従来の事業会社は持株会社の子会社となる場合のように、新たに連結親法人となる法人を設立したときから連結納税制度を適用しようとする場合のために、以下のような申請特例が設けられていた（旧法法4の3⑥）。

① 連結親法人となる法人を設立したときから連結納税制度を開始する場合

　　連結親法人の設立事業年度から適用を開始する場合には、承認申請

書の提出期限は、設立事業年度開始の日から1か月を経過する日と設立事業年度終了の日から5か月前の日のうち、いずれか早い方の日となる。
② 連結親法人となる法人を設立した翌事業年度から連結納税制度を開始する場合

　連結親法人となる法人を新設した翌事業年度から連結納税制度の適用を受けようとする場合には、承認申請書の提出期限（設立翌年度申請期限）は、設立事業年度終了の日と翌事業年度終了の日から5か月前の日のうち、いずれか早い方の日となる。

また、連結子法人について、解散や連結親法人との間に連結完全支配関係がなくなったことなど一定の場合には、連結納税の承認が取り消されたものとみなすこととされていた。

(2) 連結納税の承認申請期限の短縮化

　連結納税の承認申請書の提出期限が、それぞれ3か月短縮された。すなわち、原則は「最初の連結事業年度としようとする期間の開始の日の3月前の日まで」となる（法法4の3①）。この結果、連結中間決算が確定した後に、次年度以降に連結納税制度を適用すべきか否かを判断できる。

　また、申請特例についても、それぞれが以下のようになる（法法4の3⑥）。

① 連結親法人となる法人を設立したときから連結納税制度を開始する場合

　連結親法人の設立事業年度から適用を開始する場合には、承認申請書の提出期限は、設立事業年度開始の日から1か月を経過する日と設立事業年度終了の日から2か月前の日のうち、いずれか早い方の日。

② 連結親法人となる法人を設立した翌事業年度から連結納税制度を開始する場合

連結親法人となる法人を新設した翌事業年度から連結納税制度の適用を受けようとする場合には、承認申請書の提出期限（設立翌年度申請期限）は、設立事業年度終了の日と翌事業年度終了の日から2か月前の日のうち、いずれか早い方の日。

　後述する連結加入時期の特例（法法14②）の適用を受ける場合には、その完全支配関係を有することとなった日の属する月次決算日の末日の翌日において、連結納税の承認があったものとみなされる。この場合において、その承認は、当該完全支配関係を有することとなった日以後の期間について、その効力を生ずる（法法4の3⑩⑪）。
　この改正は、平成22年10月1日以後に行われる連結納税の開始について適用し、同日前に行われるものについては、従前どおりとされる（平成22年改正法法附則12）。

(3) 連結子法人の解散と連結納税承認の取消し

　清算所得課税の廃止に伴い、連結子法人が、合併による解散または破産手続開始の決定による解散以外の事由で解散した場合には、連結納税の承認を取り消されることなく、残余財産の確定によって連結納税制度の承認を取り消されることとなる（法法4の5②四）。
　この改正は、平成22年10月1日以後に解散が行われる場合について適用し、同日前に行われるものについては、従前どおりとなる（平成22年改正法附則10）。

II 連結納税制度の改善

第3節 加入法人の加入時期の特例

　事業年度の中途で連結親法人との間に完全支配関係が生じた場合の連結納税の承認の効力発生日の特例制度について、加入法人のその完全支配関係が生じた日（加入日）以後最初の月次決算日の翌日を効力発生日とすることができる制度とされた。

(1) 改正前の制度

　改正前の制度では、連結親法人事業年度において連結親法人との間にその連結親法人による完全支配関係を有することとなった他の内国法人の最初連結事業年度（各連結事業年度の連結所得に対する法人税を課される最初の連結事業年度）は、その完全支配関係を有することとなった日からその連結親法人事業年度終了の日までの期間とされていた（旧法法15の2①六）。

　ただし、連結グループに加入する他の内国法人が連結親法人事業年度開始の日の1月前の日からその開始の日以後1月を経過する日までの期間において、連結親法人との間にその連結親法人による完全支配関係を有することとなり、かつ、他の内国法人の加入年度終了の日がその期間内にある場合には、その完全支配関係を有することとなった日の属する事業年度終了の日までの期間を単体納税とし、その終了の日の翌日から連結納税を適用することができるとする特例が設けられていた（旧法法15の2②）。

(2) 特例制度の拡大

　今回の改正により、事業年度の中途で連結親法人との間に完全支配関係が生じた場合の連結納税の承認の効力発生日の特例制度が拡大され、連結グループに加入する他の内国法人のその完全支配関係が生じた日以後最初の月次決算日の翌日を効力発生日とすることができる制度に改められた（法法4の3⑩、14②一イ、15の2②）。

　この改正は、平成22年10月1日以後に行われる連結グループへの加入について適用し、同日前に行われたものについては、従前どおりとなる（平成22年改正法附則13）。

第4節 連結納税の開始または連結グループ加入に伴う資産の時価評価

(1) 連結子法人が解散した場合の当該連結子法人の子法人

　今回の改正により、連結子法人の解散が連結納税の承認取消し事由から除外された（法法4の5②四）、その連結子法人の子法人は、連結子法人の解散によって連結から離脱することはないため、連結グループ加入時における時価評価制度の適用除外となる法人から除かれた（法法61の12①旧五）。

(2) 開始・加入後2か月以内に離脱する連結子法人

　連結納税の開始または連結納税グループ加入に伴う資産の時価評価制度について、その開始または加入後2か月以内に連結グループから離脱する法人の有する資産を時価評価の対象から除外することとされた（法令122の12①七）。ただし、連結グループ内法人を合併法人とする合併により完全支配関係を有しなくなる場合、及び最初連結事業年度終了の日後に完全支配関係を有しなくなる場合については、時価評価の対象となる。

　この改正は、平成22年10月1日以後に行われる連結納税の開始または連結グループへの加入に係る該当する法人の保有する資産について適用し、同日前に行われたものについては、従前どおりとされる（平成22年改正法令附則14）。

第5節 連結中間申告

　連結事業年度が6か月を超える連結親法人は、連結事業年度開始の日以後6か月を経過した日から2か月以内に、連結中間申告書を提出しなければならない（法法81の19①）。今回の改正により、加算される金額に、連結子法人の残余財産が確定した場合及び連結グループ外法人を被合併法人とし連結法人を合併法人とする適格合併が行われた場合が規定された。

【連結中間法人税額の計算（法法81の19①）】

$$連結中間法人税額 = \frac{前連結事業年度の法人税額（連結確定法人税額）}{前連結事業年度の月数} \times 6$$

＊連結子法人の加入・離脱等があった場合には、一定の金額を加減算する。

(1) 連結子法人の残余財産が確定した場合

　前連結事業年度において残余財産が確定した場合には、その連結子法人の最後事業年度の確定法人税額を加算する（法法81の19④二）。

　当該連結事業年度開始の日から同日以後6か月を経過した日の前日までの期間に残余財産が確定した場合には、その連結子法人の前連結事業年度の個別帰属支払額を減算し（法法81の19②一）、最後事業年度の確定法人税額を加算する（法法81の19④三）。

Ⅱ　連結納税制度の改善

⑵　**連結グループ外法人を被合併法人とし、連結法人を合併法人とする適格合併が行われた場合**
　その被合併法人の確定法人税額を加算する（法法81の19④二、三）。

第6節 連結納税における投資簿価修正

(1) みなし配当が生じる場合の譲渡等修正事由への追加

連結法人が他の連結法人の株式または出資を保有している場合の譲渡等修正事由に、他の連結法人にみなし配当事由が生じたことが追加された（法令9②四）。この場合の投資簿価修正額はゼロから既修正等額を減算した金額であり（法令9③一）、当初投資価額を譲渡原価とする。

(2) 欠損法人である連結子法人の解散の場合

連結子法人の解散は破産の場合を除き連結グループからの離脱事由とされなくなり（法法4の5②四）、また、破産した連結子法人の残余財産が確定した場合には株主である連結法人に欠損金が引き継がれるとされたこと（法法81の9②二）から、欠損法人である連結子法人が解散により連結グループを離脱する場合の投資簿価修正額について、欠損金相当額を加算することによって、二重控除とならない欠損金相当額を連結子法人の株主において、連結子法人株式の譲渡損失額として計上できるとの扱い（法令9旧⑤）が廃止された。

第III章
資本に関係する取引等に係る税制

第1節 自己株式取得に係るみなし配当の益金不算入の制限

　受取配当等の益金不算入制度及び外国子会社から受ける配当等の益金不算入制度について、自己株式としての取得が行われることが予定されている株式を取得した場合におけるその取得した株式に係るみなし配当の額については、適用しないこととされた。

(1) 改正前の制度

　法人の株主等に対して、当該法人の自己の株式または出資の取得に伴い、金銭または金銭以外の資産の交付が行われた場合に、当該交付資産のうち当該法人の資本金等の額を超える部分の金額は配当とみなされ（法法24①四、法令23①四）、当該株主等は受取配当益金不算入制度の適用を受けることとなる（法法23①）。

　このため、株式の発行法人が自己株式の取得を行う場合に、その自己株式を発行法人に譲渡した個人株主や法人株主においては、課税の繰り延べに該当する取引や市場取引などの一定のものを除き、その譲渡対価のうち「取得資本金額」を超える部分の金額が「みなし配当」に該当し、配当所得等として取り扱われる。

　その際、個人株主であれば、その譲渡対価の一部の所得区分が配当所得に振り換わり、損益通算の有無を中心とした有利・不利が生じるが、法人株主の場合では、受取配当等の益金不算入規定が適用されることによる

タックス・メリットが常に生ずる。

(2) 自己株式取得に係るみなし配当の益金不算入の制限

今回の改正の内容により、自己株式として取得されることを予定して取得した株式が自己株式として取得された際に生ずるみなし配当については、益金不算入制度（外国子会社配当益金不算入制度を含む）を適用しないこととされた（法法23③、23の2②、81の4③）。

なお、完全支配関係にある内国法人間での自己株式の取引の場合については、みなし配当については従前どおり益金不算入制度の適用を受けるが、当該自己株式の譲渡に係る譲渡損益を計上しないこととされている（**第Ⅰ章第6節**参照）。

＊　　　　　＊

この改正の理由について、「資本に関係する取引等に係る税制についての勉強会論点取りまとめ」では、以下のように説明している。

「自己株式として取得されることを予定して取得した株式については、自己株式の取得により生ずるみなし配当に係る益金不算入制度が適用されるとともに譲渡損が計上されるといった本制度の潜脱的利用を防止する観点から、みなし配当に係る益金不算入を認めないことが適当であると考えられる。」

すなわち、既存の株式に関してその発行法人に譲渡することによってみなし配当を計上して受取配当等益金不算入制度を適用すること自体には問題はないが、その適用を予定して株式を取得することは同制度の濫用であり租税回避に当たると捉えているものと思われる。また、「自己株式として取得されることを予定して取得した」という事実認定がどのような判断基準によって行われるのかということが、実務上、問題となるという点に

第1節　自己株式取得に係るみなし配当の益金不算入の制限

も留意する必要がある。

> 【自己株式取得に係るみなし配当の益金不算入の制限（法法23③）】
>
> 　第1項の規定は、内国法人がその受ける配当等の額（第24条第1項（第四号に係る部分に限る。）の規定により、その内国法人が受ける配当等の額とみなされる金額に限る。以下この項において同じ。）の元本である株式又は出資で、その配当等の額の生ずる基因となる同号に掲げる事由が生ずることが予定されているものの取得（適格合併又は適格分割型分割による引継ぎを含む。）をした場合におけるその取得をした株式又は出資に係る配当等の額（その予定されていた事由（第61条の2第16項（有価証券の譲渡益又は譲渡損の益金又は損金算入）の規定の適用があるものを除く。）に基因するものとして政令で定めるものに限る。）については、適用しない。

　ここで「政令で定めるもの」とは、法人税法施行令（法令20の2）により、「取得株式等」に係るみなし配当等の額（法法24①四）で、次の各号に掲げる場合の区分に応じ当該各号に定めるものとして、以下のように定められている。

一　当該取得株式等が適格合併、適格分割または適格現物出資により被合併法人、分割法人または現物出資法人（=「被合併法人等」）から移転を受けたものである場合
　　：法人税法第23条第3項に規定する予定されていた事由が当該被合併法人等の当該取得株式等の取得の時においても生ずることが予定されていた場合における当該事由に基因する配当等の額

二　前号に掲げる場合以外の場合
　　：法人税法第23条第3項に規定する予定されていた事由に基因する配当等の額

Ⅲ 資本に関係する取引等に係る税制

(3) 適用時期

　この改正は、法人が平成22年10月1日以後に取得する株式に係る配当等の額について適用される（平成22年改正法附則14、15、24）。

【自己株式取得に係るみなし配当の益金不算入の制限（経済産業省資料より）**】**

| みなし配当の益金不算入の制度を使って租税回避行為が可能。 | ⇒ | 自己株式として取得されることを予定して取得した株式についてはみなし配当に係る益金不算入を認めない。 |

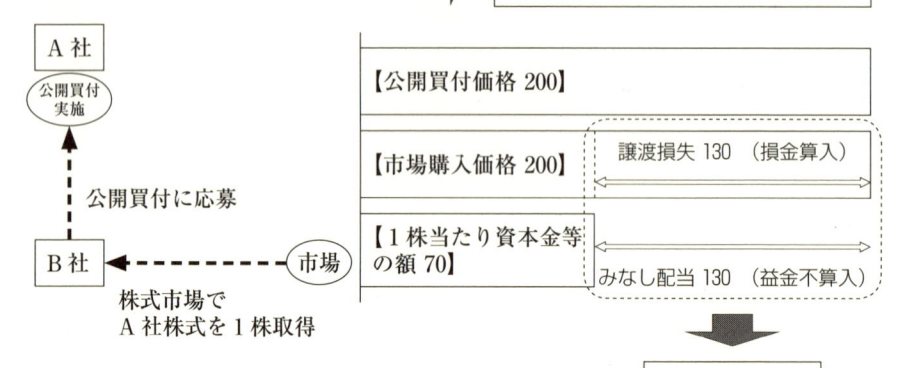

```
A社
公開買付
実施
  ↑
  │公開買付に応募
  │
B社 ←――― 市場
株式市場で
A社株式を1株取得
```

【公開買付価格 200】

【市場購入価格 200】　　譲渡損失 130（損金算入）

【1株当たり資本金等の額 70】　　みなし配当 130（益金不算入）

⇒ 現行制度上、損金だけが発生

＊自社株買いを行う企業（A社）の株式を市場から購入した後に公開買付に応募し、A社に自社株買いしてもらうことで、配当の益金不算入と譲渡損失の損金算入により税務上の損失を作為的に作り出すことができる。
　例えば、200で購入したA社株式を200で自社株買いしてもらうことによって、市場で売却した場合は損金が発生しない状況において、損金を作為的に作り出すことができる。

第2節　抱合株式

　被合併法人の株主に合併法人の株式等以外の資産が交付される非適格合併の場合における合併法人が保有する抱合株式については、譲渡損益を計上しない。

(1)　改正前の制度

　法人が合併した場合に、合併法人が被合併法人の株式を有している場合に（いわゆる抱合株式）、合併法人が当該抱合株式に自己の株式の割当てを行わない場合にも、税務上は、合併法人は、いったん抱合株式に対して自己の株式を割り当てたものとみなされ（法法24②、法令23⑤）、合併法人は自己の株式を取得していないことから、割当てを受けたものとみなされた自己の株式については、ただちに資本金等の額を減少させる（旧法令8①五、二十一）。
　非適格合併の場合には、被合併法人から資産が時価で合併法人に移転し、また、被合併法人の利益積立金額は合併法人に引き継がれないことから、被合併法人の株主である合併法人に交付される合併対価の価額のうち被合併法人の資本金等の額を超える部分についてはみなし配当とされる（法法24①一）。
　被合併法人の株主に合併法人の株式等以外の資産が交付される非適格合併の場合（法法61の2②）には、合併対価の価額からみなし配当の金額を控

除した金額が合併法人の有していた被合併法人株式の譲渡対価となるため（法法61の2①）、被合併法人株式の譲渡益・譲渡損の計上を行う。

(2) 非適格合併の場合の抱合株式の譲渡損益

　今回の改正により、合併が非適格合併となる場合には、被合併法人の株主でもある合併法人において計上される抱合株式の譲渡益・譲渡損は、計上しないこととされた（法法61の2③）。この場合には、譲渡損益相当額を資本金等の額に加減算する（法令8①五）。

　この改正は、合併の前においては被合併法人となる法人の株式の保有を通じて被合併法人となる法人の事業を支配していたものが、合併後は被合併法人が行っていた事業を合併法人が直接行う関係となるため、投資が実質的に継続していると考えられることによると説明されている。

　なお、この抱合株式の改正に関しては、その適用範囲は完全支配関係のある法人間に限られない。

　この改正は、平成22年10月1日以後に合併が行われる場合における法人の各事業年度の所得に対する法人税について適用される（平成22年改正法附則10②、改正法令附則2②）。

第IV章

組織再編成税制の改正

第1節　グループ法人税制創設に伴う改正

(1) 完全支配関係にある法人間の非適格合併

　完全支配関係がある法人間の譲渡損益調整資産の移転に係る損益の調整は、譲渡取引のみならず、完全支配関係がある法人間の非適格合併により、被合併法人から合併法人に資産が移転される場合においても適用される。

　非適格合併となる合併に係る被合併法人（譲渡法人）から譲渡損益調整資産が合併法人に引き継がれる場合には、譲渡損益調整資産に係る譲渡利益額に相当する金額は合併法人の当該譲渡損益調整資産の取得価額に算入せず、譲渡損益調整資産に係る譲渡損失額に相当する金額は合併法人の当該譲渡損益調整資産の取得価額に算入される（法法61の13⑦）。

　すなわち、譲渡損益調整資産は、被合併法人から合併法人へ帳簿価額で引き継がれる。

　この改正は、法人が平成22年10月1日以後に行う非適格合併について適用される（平成22年改正法附則10②）。

(2) 適格事後設立の廃止

　事後設立において、事後設立の前後を通じて事後設立法人が被事後設立法人の発行済株式等の100％を継続保有すること等の要件を満たす場合には「適格事後設立」（旧法法2十二の十五、62の5①②）として、実質的に移転

資産等の譲渡損益の計上を繰り延べることとされていた。しかし、その内容は、完全支配関係がある事後設立法人から被事後設立法人への資産の移転に関して譲渡損益を繰り延べることにほかならず、完全支配関係にある法人間の譲渡損益調整資産の譲渡損益の繰延制度が創設されたことに伴い適格事後設立制度は廃止された。

　ただし平成22年10月１日前に事後設立が行われた場合には、従前の例による（平成22年改正法附則10②）。

(3)　非適格株式交換に係る株式交換完全子法人等の有する資産の時価評価

　内国法人が非適格株式交換または非適格株式移転を行った場合には、株式交換完全子法人・株式移転完全子法人となる法人が当該非適格株式交換等の直前の時において有する時価評価資産（固定資産、土地（土地の上に存する権利を含み、固定資産に該当するものを除く）、有価証券、金銭債権及び繰延資産で政令で定めるもの以外のもの）の評価益または評価損は、当該非適格株式交換等の日の属する事業年度の所得の金額の計算上、益金の額または損金の額に算入することとされていた（旧法法62の９①）。

　しかし、完全支配関係がある内国法人間で行われる資産の移転には課税関係を生じさせないとの原則に合わせ、完全支配関係がある内国法人間で行われる非適格株式交換等について、非適格株式交換等に係る完全子法人等の有する資産の時価評価制度の対象から除外される。すなわち、株式交換または株式移転の直前に、当該内国法人と当該株式交換に係る株式交換完全親法人または当該株式移転に係る他の株式移転完全子法人との間に完全支配関係があった場合には、当該株式交換または株式移転が非適格である場合であっても、当該内国法人の有する時価評価資産について時価評価を行わない（法法62の９①）。

　この改正は、平成22年10月１日以後に株式交換または株式移転が行われ

る場合における法人の各事業年度の所得に対する法人税について適用される（平成22年改正法附則10②）。

Ⅳ　組織再編成税制の改正

第2節　現物分配の創設

　完全支配関係がある内国法人間の現物配当（みなし配当を含む）については、組織再編成の一環として位置づけ、譲渡損益の計上を繰り延べる等の措置が講じられる。この場合、源泉徴収等も行わない。

(1)　会社法上の現物配当

　会社法では、剰余金の配当をするときには「配当財産の種類（当該株式会社の株式等を除く）及び帳簿価額の総額」(会社法454①一) を決めることとし、さらに、配当財産が金銭以外の財産である場合において、株主に現物配当に代えて金銭分配請求権を与える場合は株主総会の普通決議により、与えない場合は特別決議が必要になることを定め（同454④、309⑪十）、現物配当ができることを明確に規定している。これにより、株主に会社が保有する子会社株式を配当として交付することにより会社分割を行うこと（スピン・オフ）が可能となり、すでにいくつかの事例が現れている。

【現物配当による事業再編の事例】
－阪急阪神ホールディングスプレス・リリース（2007年7月27日）より

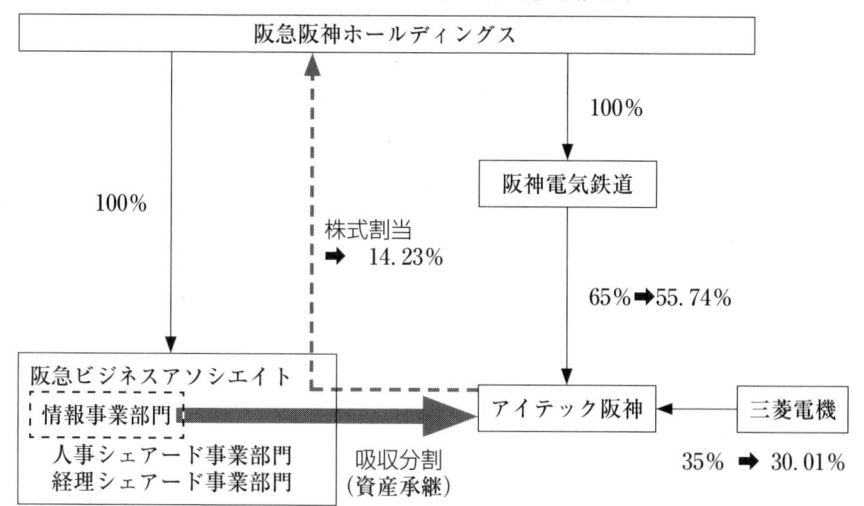

```
                        阪急阪神ホールディングス
                            │        ▲      │100%
                     100%   │        │      ▼
                            │        │   阪神電気鉄道
                            │   株式割当          │
                            │   ➡ 14.23%         │
                            │                    │ 65%➡55.74%
                            ▼                    ▼
                 ┌─────────────────┐         ┌─────────┐      ┌─────────┐
                 │阪急ビジネスアソシエイト│         │アイテック阪神│◀──── │三菱電機 │
                 │情報事業部門     │═════════▶│         │      │         │
                 ├─────────────────┤   吸収分割    └─────────┘      └─────────┘
                 │人事シェアード事業部門│   （資産承継）           35% ➡ 30.01%
                 │経理シェアード事業部門│
                 └─────────────────┘
```

1. 阪急ビジネスアソシエイト（分割会社）の情報事業部門をアイテック阪神（承継会社）に承継させる会社分割
2. アイテック阪神から阪急ビジネスアソシエイトにアイテック阪神株式を交付
3. 当該株式を阪急ビジネスアソシエイトから阪急阪神ホールディングスへ現物配当

(2) 現物配当に関する従来の税務上の扱い

　税制では、現物配当について法人税法には明確な規定はなかったが、下記の法人税基本通達改正において、現物配当の課税上の扱いについて現物配当が行われた場合に受取配当等の益金不算入の対象となる配当等の額は、当該現物配当に係る資産の帳簿価額ではなく、当該現物配当の効力発生日における時価によること、また、その解説では、現物配当を行う法人の側について、配当の効力発生日における配当財産の時価により配当等の額を認識し、当該時価と当該配当財産の帳簿価額との差額について、当該配当財産の譲渡益または譲渡損を認識することを明らかにしていた。

> 【法人税基本通達（平成19年3月19日改正）】
>
> 3－1－7の5（金銭以外の資産による配当等の額）
> 　法人が金銭以外の資産により剰余金の配当又は利益の配当を受ける場合には、法第23条《受取配当等の益金不算入》の規定の適用がある配当等の額は、原則として、当該剰余金の配当又は利益の配当の効力発生日における当該金銭以外の資産の価額によることに留意する。

(3)　現物分配の創設

　今回の改正では、法人（公益法人等及び人格のない社団等を除く）が、その株主等に対して、剰余金の配当、利益の配当、剰余金の分配、または、資本の払い戻し、自己の株式または出資の取得、出資の償却、組織変更に係るみなし配当（法法24①三～六）として、金銭以外の資産の交付を行うことを「現物分配」と定義し、現物分配によりその保有する資産の移転を行った法人を「現物分配法人」（法法２十二の六）、資産の移転を受けた法人を「被現物分配法人」（法法２十二の六の二）とする規定が追加された。

> 【現物分配法人（法法２十二の六）、被現物分配法人（法法２十二の六の二）の定義】
>
> 十二の六　現物分配法人
> 　現物分配（法人（公益法人等及び人格のない社団等を除く。）がその株主等に対し当該法人の次に掲げる事由により金銭以外の資産の交付をすることをいう。次号及び第十二号の十五において同じ。）によりその有する資産の移転を行つた法人をいう。
> 　イ　剰余金の配当（株式又は出資に係るものに限るものとし、資本剰余金の額

の減少を伴うもの及び分割型分割によるものを除く。）若しくは利益の配当（分割型分割によるものを除く。）又は剰余金の分配（出資に係るものに限る。）
ロ　第24条第１項第三号から第六号まで（配当等の額とみなす金額）に掲げる事由
十二の六の二　被現物分配法人
現物分配により現物分配法人から資産の移転を受けた法人をいう。

①　適格とならない現物分配

　適格現物分配とならない現物分配、すなわち内国法人が完全支配関係のない法人、あるいは個人に対して金銭以外の資産を剰余金の配当等として移転する場合については、資産を時価で譲渡したものとする。

【適格現物分配とならない現物分配による資産の譲渡（法法62の５①②）】

1　内国法人が残余財産の全部の分配又は引渡し（適格現物分配を除く。次項において同じ。）により被現物分配法人その他の者にその有する資産の移転をするときは、当該被現物分配法人その他の者に当該移転をする資産の当該残余財産の確定の時の価額による譲渡をしたものとして、当該内国法人の各事業年度の所得の金額を計算する。
2　残余財産の全部の分配又は引渡しにより被現物分配法人その他の者に移転をする資産の当該移転による譲渡に係る譲渡利益額（当該譲渡に係る対価の額が原価の額を超える場合におけるその超える部分の金額をいう。）又は譲渡損失額（当該譲渡に係る原価の額が対価の額を超える場合におけるその超える部分の金額をいう。）は、その残余財産の確定の日の属する事業年度の所得の金額の計算上、益金の額又は損金の額に算入する。

② 適格現物分配

その上で、完全支配関係がある法人間で行われる現物分配を「適格現物分配」として、以下のような定義規定が置かれた。

【適格現物分配の定義（法法２十二の十五）】

内国法人を現物分配法人とする現物分配のうち、その現物分配により資産の移転を受ける者がその現物分配の直前において当該内国法人との間に完全支配関係がある内国法人（普通法人又は協同組合等に限る。）のみであるものをいう。

「適格現物分配」の要件に該当する場合には、組織再編成税制上の適格組織再編として位置づけられ、現物分配法人においては、被現物分配法人に移転をした資産の当該適格現物分配の直前の帳簿価額（当該適格現物分配が残余財産の全部の分配である場合には、その残余財産の確定の時の帳簿価額）による譲渡をしたものとし（法法62の5③）、一方、被現物分配法人においては、適格現物分配により資産の移転を受けたことにより生ずる収益の額は益金の額に算入しないこととされ（法法62の5④）、資産の帳簿価額による譲渡を認めている。

【適格現物分配による資産の譲渡（法法62の5③④）】

3　内国法人が適格現物分配により被現物分配法人にその有する資産の移転をしたときは、当該被現物分配法人に当該移転をした資産の当該適格現物分配の直前の帳簿価額（当該適格現物分配が残余財産の全部の分配である場合には、その残余財産の確定の時の帳簿価額）による譲渡をしたものとして、当該内国法人の各事業年度の所得の金額を計算する。

4　内国法人が適格現物分配により資産の移転を受けたことにより生ずる収益

> の額は、その内国法人の各事業年度の所得の金額の計算上、益金の額に算入しない。

さらに、適格現物分配による資産の譲渡に該当するときは、被現物分配法人の移転する資産の取得価額は帳簿価額に相当する金額とされ（法令123の6①）、また、残余財産の全部を分配する適格現物分配は、当該残余財産の確定の日の翌日に行われたものとして、法人税法の規定が適用される（法令123の6①）。

これにより、例えば、子会社が保有する孫会社株式のすべてを現物配当として親会社に分配することにより、孫会社を直接の子会社とするなどを非課税で行うことが可能になる。

【適格現物分配を利用した企業組織再編成のイメージ】

A親会社 →(100%)→ B子会社 →(100%)→ C孫会社
孫会社株式を現物配当
⇒ A親会社 →(100%)→ B子会社、A親会社 →(100%)→ C孫会社

(4) 適格現物分配に係る留意事項

適格現物分配が適格組織再編成の一つの類型として位置づけられたことから、所得税においても配当所得から除外され、支払配当に係る源泉徴収も不要となる（所法24①）。

一方で、その適格現物分配が、現物分配法人と被現物分配法人との関係

が共同事業を営むための要件に該当せず、かつ支配関係が生じてから5年を経過していない場合には、当該被現物分配法人は適格現物分配を行った日の属する事業年度以後の各事業年度においては、一定の欠損金額の繰越控除ができないこととなる（法法57④）。また、特定資産に係る譲渡等損失額の損金不算入の規定（法法62の7）も適用される。

(5) 適用時期

　以上の改正は、平成22年10月1日以後に現物分配（残余財産の分配にあたっては、同日以後の解散によるものに限る）が行われる場合における法人の各事業年度の所得に対する法人税について適用される（平成22年改正法附則10②）。

第3節　無対価組織再編成の明確化

　いわゆる無対価組織再編成について、会社分割について「分割対価資産が交付されない分割」が法人税法の定義規定に明記されたほか、合併、株式交換においても無対価となる場合が法人税法施行令で規定され、一定の場合には適格組織再編成に該当することが明らかにされた。これらは、従来からの扱いを明確にしたものにすぎず、課税上の方針に変更が加えられたものではない。

(1)　会社法上の無対価組織再編成

　従来の商法では、合併などの企業組織再編成において消滅会社の株主に交付する対価は存続会社または新設会社の株式であることを原則としてきたが、会社法では、吸収合併において消滅会社の株式に存続会社の株式を交付せず、金銭その他の資産のみを交付することを認めた（対価の柔軟化、会社法749①二、751①三）。

　さらに規定上は「金銭等を交付するときは」とあるため、対価を全く交付しないことも可能である。吸収分割（会社法758四、760五）、株式交換（会社法768①二、770①三）についても同様とされている。

　また、会社法では、簡易組織再編成の範囲が拡大されたことに加え（会社法784③、796③）、株式会社が他の株式会社の総株主の議決権の90％以上を保有している状態にあるときには、合併、吸収分割、株式交換において

IV 組織再編成税制の改正

親会社（特別支配会社）が存続会社になる場合には消滅会社となる子会社における総会決議は不要となるなど（会社法781ほか）略式組織再編成が創設されたことにより、グループ内での企業組織再編成を、無対価で迅速に行うことが可能となった。すでに多くの事例が現れているが、その大部分が100％グループ内、すなわち完全支配関係がある法人間で行われている。

【無対価組織再編成のイメージ】

＜親会社から完全子会社への吸収分割＞

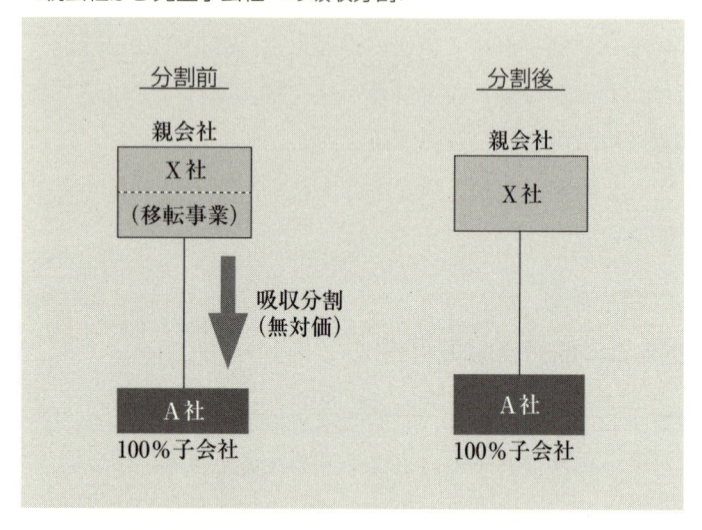

＜完全子会社間の吸収分割＞

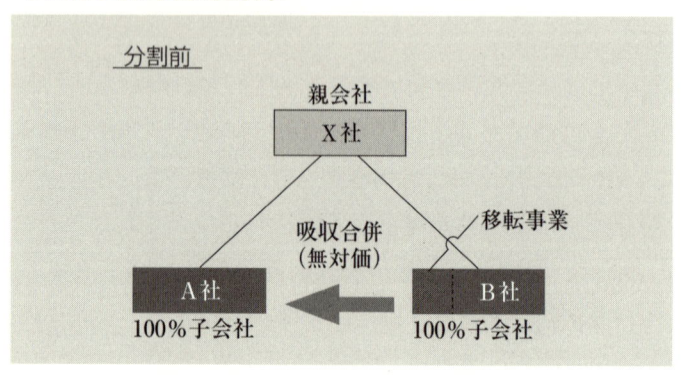

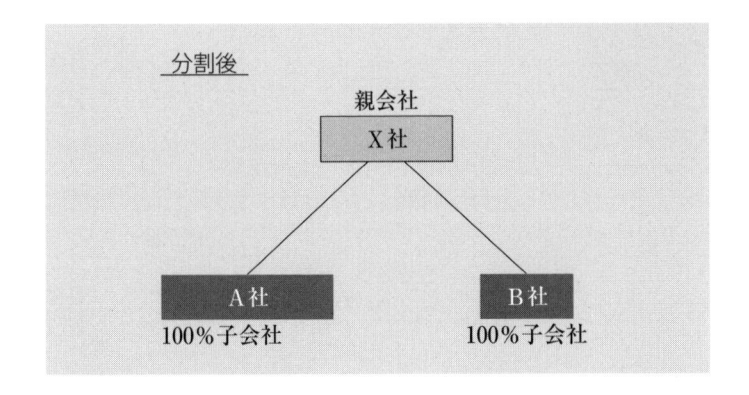

第3節　無対価組織再編成の明確化

```
              分割後
                    親会社
                     X社
            ／            ＼
         A社              B社
       100％子会社        100％子会社
```

(2) 無対価組織再編成の税務上の扱い

　無対価組織再編成について、従来の法人税法、政令、規則では特に規定がなく、基本通達においても取り上げられていなかったが、消滅会社等の株主に対価として存続会社の株式以外の資産が交付されないことに該当することから、他の要件を満たすならば「適格」組織再編成に該当することと考えられていた。

　ただし、会社分割については、国税庁の質疑応答事例として、無対価分割型分割、無対価分社型分割の事例が紹介されており、いずれも、今回の改正につながる考え方が示されている。

① 「吸収分割に当たり、分割承継法人から分割法人に株式の割当てを行わない場合の適格判定（分割型分割）」

　この事例は、親会社A社を分割承継法人とし、その完全子会社B社を分割法人とする吸収分割により、完全子会社から親会社へ事業の一部を移転する分割型分割に際して、親会社の株式を交付しても、剰余金の配当を経て結局自己株式として保有することとなるため、これを省略する、すなわち株式の交付を行わない旨を吸収分割契約書において明らかにし、かつ、金銭等の親会社株式以外の資産も一切交付せず、分割後においても完全親

子関係が継続する見込みであるとするものである。

【再編スキーム図】

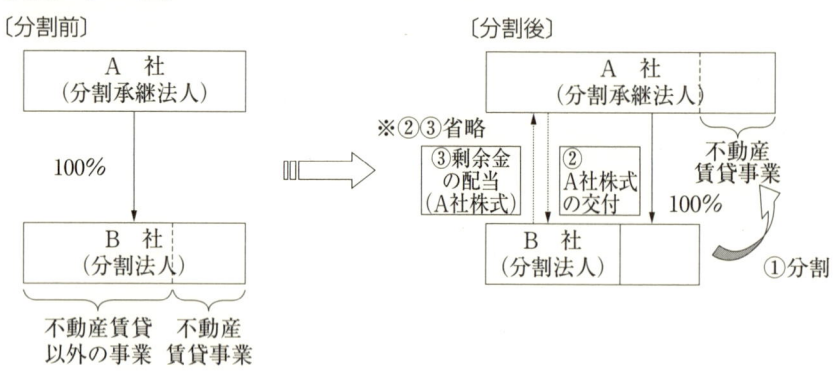

〔分割前〕

```
    A 社
（分割承継法人）
      │
     100%
      │
    B 社
（分割法人）
```
不動産賃貸以外の事業／不動産賃貸事業

⇒

〔分割後〕

```
         A 社
     （分割承継法人）
    ※②③省略
    ③剰余金  ②A社株式
    の配当    の交付        不動産
    (A社株式)              賃貸事業
              100%
         B 社
     （分割法人）         ①分割
```

　回答は、本件分割が「適格分割型分割に該当する」と解して差し支えないとして、その理由としては、以下の諸点をあげている。

①　本件分割は、以下からすれば、分割手続において株式の交付が省略されたものと認められるので、分割型分割として取り扱うのが相当と考えられること。

　(1)　本件分割においては、その当事者であるA社及びB社において、100%親子会社間の分割であることからA社株式の交付を行わないこととしたものであり、そのことが吸収分割契約書(案)において「B社は、A社の完全子会社であるため、本件分割に際して、A社のB社に対するA社株式の交付は、省略するものとする。」と規定され、B社へのA社株式の交付及びB社からA社へのA社株式の配当が省略されていることが明らかであること。

　(2)　本件分割においては、分割型分割として実際に株式が交付された場合の分割後のA社の株主構成及びA社とB社の資本関係が何ら変わらないこと。仮に本件分割を分社型分割とした場合には、分割

法人であるＢ社がＡ社株式を保有することとなり、Ａ社の株主構成に変化が生じることとなる。
(3) 実務上株式割当等を省略した場合に、法人税法上、従前どおり株式割当等があったものとして法人税法の規定を適用することは、立法趣旨に反しないと考えられること。
② また、本件分割については、(1)分割に際して、Ｂ社の株主であるＡ社に株式以外の資産が交付されないものであること、(2)分割前にＡ社とＢ社との間に当事者間の完全支配関係があり、分割後も当該完全支配関係が継続することが見込まれていることから、法人税法に規定する適格分割の要件を満たし適格分割型分割に該当する。

ただし、上記の考え方は、100％資本関係グループ内において行われる株式が交付されない合併または分割のすべてにおいて成り立つわけではないとして、例えば、100％孫会社間における株式が交付されない分割が、分割型分割として実際に株式が交付された場合及び分社型分割として実際に株式が交付された場合のいずれとも分割後の株主構成や資本関係が異なり、株式の交付を省略したと見ることができない場合には、分割法人、分割承継法人及び分割法人の株主について、課税関係が生ずることがあるとしている。

② 「子会社を分割承継法人とする分割において対価の交付を省略した場合の税務上の取扱いについて（分社型分割）」

この事例は、完全子会社との間で親会社を分割法人とする吸収分割を行い、親会社の営む複数の事業のうち一の事業（分割事業）を子会社に移転するに際し、親会社に分割対価として子会社の株式を交付したとしても、親会社の保有する子会社の株式数が増加するのみで親会社と子会社との100％親子関係に変動はないことから、分割契約書において「親会社は子会社の発行済株式の全部を所有しているため、本件吸収分割に際し、子会

Ⅳ 組織再編成税制の改正

社は親会社に対して、株式、金銭その他の財産の交付を行わない。」ことを定め、かつ、本件分割後においても親会社は子会社の発行済株式の全部を保有する予定であるものについて、以下の2点を確認するものである。
　(1)　本件分割は、適格分社型分割に該当する。
　(2)　親会社（分割法人）は本件分割に伴い分割対価の交付を受けないが、税務上は分割前から親会社が保有する子会社株式（分割承継法人株式）の帳簿価額につき、移転純資産の額（本件分割が適格分社型分割に該当する場合には、移転事業に係る資産及び負債の帳簿価額の差額）を増額させる修正を行うことになる。

　回答要旨では、いずれも照会要旨のとおり取り扱って差し支えないとして、以下の理由を示している。
　①　照会要旨(1)－分社型分割の適格要件該当性について
　　　本件分割は対価の省略を行ったものであり、資本関係に変動が生ずることはなく、かつ、従来から親会社が有している子会社の株式の価値に移転事業の価値に相当する増加が生ずることから、分割承継法人の株式を交付しているものと同視し得るものであり、また、分割後においても親会社は子会社の発行済株式の全部を保有する予定であることから、適格要件のいずれの要件をも満たし、適格分社型分割に該当することとなる。
　②　照会要旨(2)について
　　(1)　対価が交付される分社型分割に係る税務処理等
　　　イ　分割対価が分割承継法人株式のみの場合
　　[分割法人の税務処理]
　　　分社型分割が行われ分割法人に分割承継法人株式が交付された場合については、分割により追加取得する子会社株式の取得価額は、移転純資産の額を付すこととなる（法令119①七、法令119①二十五）。

第3節　無対価組織再編成の明確化

[分割承継法人の税務処理]

　資本金等の額について当該移転純資産の額を増加させることとなる（法令8七）。

（分割法人）	子会社株式（移転純資産の額）円	/	資　産	○○○円
	負　債　×××円	/		
（分割承継法人）資　産　　○○○円		/	負　債	×××円
		/	資本金等の額	（移転純資産の額）円

（注）　移転純資産の額＝○○○円－×××円

　なお、この場合の移転純資産の額については、適格分社型分割の場合はその帳簿価額とされ、非適格分社型分割の場合はその時価とされるとともに、分割法人においては分割により移転する資産及び負債に係る譲渡損益が計上され、分割承継法人においては当該移転資産及び負債について時価で受け入れることとなる（法法62、62の3、法令8七）。

ロ　分割対価が交付されない場合

　分社型分割が行われ分割法人に分割承継法人株式が交付されない場合であっても、分割承継法人における資本金等の額に係る規定は分割対価が交付された場合についてのみに限定されているわけではないことから、分割承継法人については、資本金等の額について移転純資産の額を増加させることとなる（法令8七）。

　分割において対価の省略を行った場合の分割法人の処理については、「対価の省略」であることから対価を交付する場合と同様の処理を行うものとも考えられる。他方、このような場合の会計処理については、子会社株式の取得と処理することなく、移転純資産の額に相当する株主資本の額（通常は「その他資本剰余金」。マイナスの場合には「その他利益剰余金」）を変動させることとなるが（企業結合会計基準及び事業分

離等会計基準に関する適用指針203－2(2)①、87等）、法人税法上このような場合の資本金等の額及び利益積立金額に係る直接的な規定は存在しないため、本件分割と同一の資本効果をもたらすことができる取引につき、以下において検討する。

(2) 分社型分割後に株式併合が行われた場合の税務処理

本件分割と同一の資本効果をもたらすことができる取引としては、①分割対価（子会社株式）を交付する適格分社型分割を行い、その後に②株式併合を行う場合が考えられ、この場合の課税関係については次のとおりとなる。

① 子会社株式の交付を行う適格分社型分割

親会社を分割法人とし子会社を分割承継法人とする適格分社型分割を行い、親会社に分割対価として子会社株式を交付する（分割前から親会社の保有していた子会社株式を100株とし、分割対価として交付を受けた子会社株式を100株とする）。

この場合、親会社（分割法人）においては、移転純資産の帳簿価額に相当する子会社株式（分割承継法人株式）を受領することとなる（法令119①七）。

また、子会社（分割承継法人）においては、移転純資産を帳簿価額で受け入れるとともに資本金等の額を増加させる（法令8七）。

② 子会社株式数を分割前の保有株式数とする株式併合

上記①により交付を受けた子会社株式を含め親会社の保有している子会社株式200株を併合して100株とし、その後子会社株式を譲渡した場合の譲渡原価は、併合前の子会社株式の帳簿価額を併合後の子会社株式数で除して算出することとなる（法令119の3⑥）。例えば、移転純資産の帳簿価額が200,000円で、親会社が分割前より保有していた子会社株式の帳簿価額が100,000円だったとした場合には、株式併合後の子会社株式1株当たりの帳簿価額は3,000円（(100,000円＋200,000円)

／100株）となる。

(注) 株式併合とは、株式会社が特定の種類の株式の数を一定の割合に従って一律に減少させることをいう（会社法180）。この株式併合が行われた場合の発行法人の税務処理については、株式併合が行われた場合であっても発行法人の資本金等の額が変動するものではないため、資本金等の額に異動はない。

(3) 本件分割について

上記(2)のとおり、適格分社型分割と株式併合を組み合わせた取引を行った場合において、その後子会社株式を譲渡した場合の譲渡原価は、株式併合後による修正後の子会社株式の１株当たりの帳簿価額3,000円によることとなる。

これに対して、本件分割につき会計処理と同様に資本金等の額または利益積立金額を変動させて、子会社株式の帳簿価額を修正しないとすれば、その後子会社株式を譲渡した場合の譲渡原価は、親会社が分割前から保有していた子会社株式の１株当たりの帳簿価額1,000円（100,000円／100株）となり、将来的に子会社株式を譲渡したときに異なる譲渡原価により譲渡損益を計算することとなる。

このように本件分割につき会計処理と同様の税務処理を行った場合と、適格分社型分割及び株式併合を組み合わせた取引と見て税務処理を行った場合とでは、その取引の方法こそ違うものの、同一の資本効果をもたらす組織再編であるにもかかわらず、将来的な所得計算が異なる結果になる。

また、本件分割において、親会社（分割法人）に子会社株式（分割承継法人株式）100株を交付しなかったとしても、子会社の純資産価額に移転純資産の帳簿価額相当額（200,000円）の増加が生じており、適格分社型分割及び株式併合を組み合わせた取引によった場合の子会社の純資産価額と同額となる。この点からも本件分割と適格分社型分割及

び株式併合を組み合わせた取引については、その税務上の処理においても同様に取り扱うのが相当と解される。

　これらのことからすれば、本件のような分割において対価の省略を行った場合には、その対価の省略はなかったものとして、換言すれば、親会社（分割法人）において子会社株式（分割承継法人株式）の交付を受けたものとして、(1)の「イ　分割対価が分割承継法人株式のみの場合」の［分割法人の税務処理］と同様の次の処理を行うこととなる。

（分割法人）	子会社株式（移転純資産の額）円	資　産　○○○円
	負　債　　×××円	
（分割承継法人）	資　産　　　○○○円	負　債　　　×××円
		資本金等の額　（移転純資産の額）円

(注)　移転純資産の額＝○○○円－×××円

(注)　本件分割は、対価の省略を行った分割であることから、親会社（分割法人）が従来から保有している子会社株式（分割承継法人株式）の価値が移転純資産価額に相当する金額分実質的に増加することとなる。換言すれば、分割法人は分割対価として移転純資産価額に相当する株式の交付を受けているのと同様の状況にあり、対価の省略を行ったことをもって親会社（分割法人）から子会社（分割承継法人）に対する経済的利益の供与があったとは認められず、寄附金課税の問題は生じない。

(3)　無対価組織再編成の明確化

　今回の改正では、法人税法における会社分割の定義規定が再整理される中で無対価分割が明記された。また、法人税法施行令において、無対価合併、無対価分割、無対価株式交換のそれぞれにおいて適格組織再編成となる場合が明記されている。

① 会社分割の再整理と無対価会社分割の明確化

今回の改正では、法人税法における会社分割の定義規定が再整理され、分割の日において当該分割に係る分割対価資産のすべてが分割法人の株主等に交付される場合を分割型分割（法法２十二の九イ）、分割の日において当該分割に係る分割対価資産が分割法人の株主等に交付されない場合を分社型分割（法法２十二の十イ）とされた。

その上で「分割対価資産が交付されない分割」として、当該分割の直前において、分割承継法人が分割法人の発行済株式等の全部を保有している場合または分割法人が分割承継法人の株式を保有していない場合を分割型分割（法法２十二の九ロ）、分割の直前において分割法人が分割承継法人の株式を保有している場合（分割承継法人が分割法人の発行済株式等の全部を保有している場合を除く）を分社型分割（法法２十二の十ロ）に該当するものとして、無対価分割を明記している。

【会社分割の定義】

分割型分割（法法２十二の九）　次に掲げる分割をいう。

イ　分割の日において当該分割に係る分割対価資産（分割により分割法人が交付を受ける分割承継法人の株式（出資を含む。以下第十二号の十六までにおいて同じ。）その他の資産をいう。以下第十二号の十一までにおいて同じ。）のすべてが分割法人の株主等に交付される場合の当該分割

ロ　分割対価資産が交付されない分割で、その分割の直前において、分割承継法人が分割法人の発行済株式等の全部を保有している場合又は分割法人が分割承継法人の株式を保有していない場合の当該分割

分社型分割（法法２十二の十）　次に掲げる分割をいう。

イ　分割の日において当該分割に係る分割対価資産が分割法人の株主等に交付されない場合の当該分割（分割対価資産が交付されるものに限る。）

> ロ　分割対価資産が交付されない分割で、その分割の直前において分割法人が分割承継法人の株式を保有している場合（分割承継法人が分割法人の発行済株式等の全部を保有している場合を除く。）の当該分割

　その上で、適格分割についても、以下のように整理し、無対価分割が適格組織再編成となることを明らかにしている（法法２十二の十一）。

> 【適格分割の定義（法法２十二の十一）】
>
> 　次のいずれかに該当する分割で分割対価資産として分割承継法人の株式又は分割承継親法人株式（分割承継法人との間に当該分割承継法人の発行済株式等の全部を保有する関係として政令で定める関係がある法人の株式をいう。）のいずれか一方の株式以外の資産が交付されないもの（当該株式が交付される分割型分割にあつては、当該株式が分割法人の株主等の有する当該分割法人の株式の数（出資にあつては、金額）の割合に応じて交付されるものに限る。）をいう。
> イ　その分割に係る分割法人と分割承継法人との間にいずれか一方の法人による完全支配関係その他の政令で定める関係がある場合の当該分割
> ロ　その分割に係る分割法人と分割承継法人との間にいずれか一方の法人による支配関係その他の政令で定める関係がある場合の当該分割のうち、次に掲げる要件のすべてに該当するもの
> 　(1)～(3)略
> ハ　略

第3節　無対価組織再編成の明確化

【無対価分割のイメージ】（財務省資料による）
＜無対価分割型分割＞

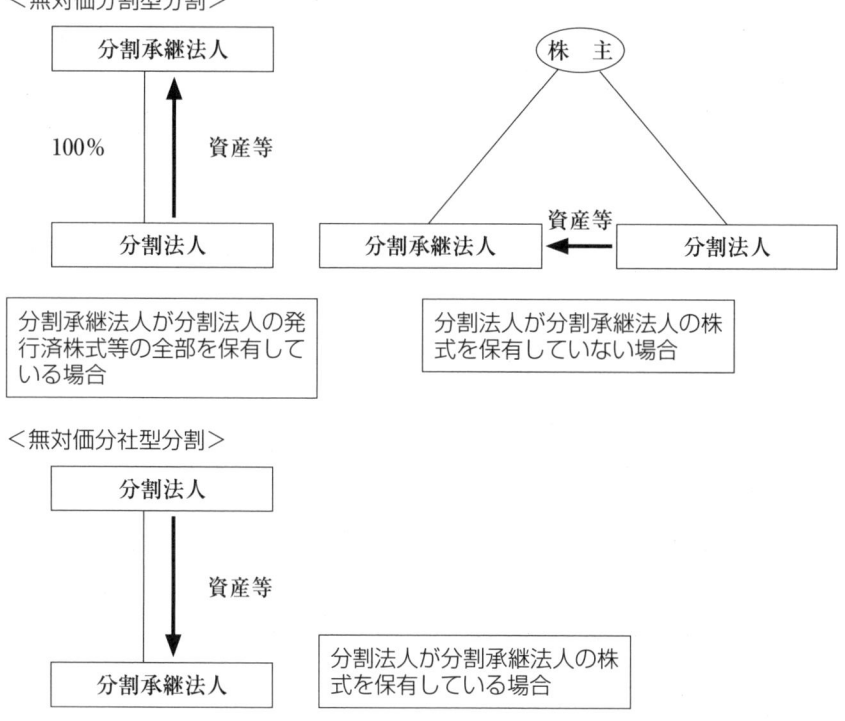

```
分割承継法人
   ↑
 100%  資産等
   │
 分割法人
```
分割承継法人が分割法人の発行済株式等の全部を保有している場合

```
      株　主
     ╱    ╲
    ╱      ╲
分割承継法人 ← 資産等 分割法人
```
分割法人が分割承継法人の株式を保有していない場合

＜無対価分社型分割＞

```
 分割法人
   │
   │ 資産等
   ↓
分割承継法人
```
分割法人が分割承継法人の株式を保有している場合

② 無対価合併と無対価株式交換の明確化

　無対価合併と無対価株式交換については、法人税法には規定が置かれていないが、適格組織再編成における株式保有関係等の要件を定めた法人税法施行令第4条の3（旧第4条の2）の中で、無対価分割と合わせて以下のように明示された。

Ⅳ 組織再編成税制の改正

【無対価組織再編成】

> 無対価合併：被合併法人の株主等に合併法人の株式その他の資産が交付されない合併（法令4の3②一）
>
> 無対価分割：分割法人に分割承継法人の株式その他の資産が交付されない分割（法令4の3⑥一）
>
> 無対価株式交換：株式交換完全子法人の株主に株式交換完全親法人の株式その他の資産が交付されないもの（法令4の3⑭一）

(4) 無対価組織再編成の適格要件

法人税法施行令第4条の3において、無対価組織再編成のそれぞれの適格となる株式保有要件が規定されているが、これらを整理すれば次表のようになる。

【無対価組織再編成における適格要件】

		無対価合併	無対価分割	無対価株式交換
100％グループ内	当事者間の完全支配関係	②一 合併法人が被合併法人の発行済株式等の全部を保有する関係に限る。	⑥一 次に掲げる関係に限る。 イ 分割承継法人が分割法人の発行済株式等の全部を保有する関係 ロ 分割法人が分割承継法人の発行済株式等の全部を保有する関係	⑭一 無対価株式交換である場合における当該完全支配関係を除く。
	同一の者による完全支配関	②二 次に掲げる関係がある場合における当該完全支配関係に限る。	⑥二 分割型分割にあってはイからハまでに掲げる関係がある場合	⑭二 一の者が株式交換完全子法人及び株式交換完全親法人の発行

108

第3節　無対価組織再編成の明確化

	係	イ　合併法人が被合併法人の発行済株式等の全部を保有する関係 ロ　一の者が被合併法人及び合併法人の発行済株式等の全部を保有する関係 ハ　合併法人及び当該合併法人の発行済株式等の全部を保有する者が被合併法人の発行済株式等の全部を保有する関係 ニ　被合併法人及び当該被合併法人の発行済株式等の全部を保有する者が合併法人の発行済株式等の全部を保有する関係	における当該完全支配関係に、分社型分割にあってはニに掲げる関係がある場合における当該完全支配関係に、それぞれ限る。 イ　分割承継法人が分割法人の発行済株式等の全部を保有する関係 ロ　一の者が分割法人及び分割承継法人の発行済株式等の全部を保有する関係 ハ　分割承継法人及び当該分割承継法人の発行済株式等の全部を保有する者が分割法人の発行済株式等の全部を保有する関係 ニ　分割法人が分割承継法人の発行済株式等の全部を保有する関係	済株式等の全部を保有する関係（同一者完全支配関係） 又は 株式交換完全親法人及び当該株式交換完全親法人の発行済株式等の全部を保有する者が株式交換完全子法人の発行済株式等の全部を保有する関係（親法人完全支配関係）がある場合における当該完全支配関係に限る。
50％超グループ内	当事者間の支配関係	③一 前項第二号ハ又はニに掲げる関係がある場合における当該支配関係に限る。	⑦一 前項第一号イ若しくはロ又は第二号ハに掲げる関係がある場合における当該支配関係に限る。	⑮一 親法人完全支配関係がある場合における当該支配関係に限る。
	同一の者による支配			⑮二 同一者完全支配関係又は親法人完全支配

	関係			関係がある場合における当該支配関係に限る。
共同事業		④ 当該無対価合併に係る被合併法人のすべて又は合併法人が資本又は出資を有しない法人であるものに限る。	⑧ 第6項第二号イ又はハに掲げる関係がある分割型分割に限る。	⑯ 親法人完全支配関係があるものに限る。

(5) 無対価企業組織再編成の計算

　無対価適格合併における被合併法人の株主の取扱い、無対価株式交換における株式交換完全子法人の株主の取扱いについては、法人税法第61条の2に、それぞれの改正規定が置かれたが、そのほかについては、法人税法施行令も含め改正はない。これは、今回の改正は無対価組織再編成について従来からの扱いを明確にしたものにすぎず、課税上の方針に変更が加えられたものではないためと思われる。

① 無対価適格合併における被合併法人の株主の課税

　無対価適格合併における被合併法人の株主の課税については、合併法人の株式以外の金銭が交付されない合併の場合と同様に、被合併法人の株式の譲渡対価の額を合併直前の帳簿価額とすることにより、譲渡損益を計上しない（法法61の2②）。

【無対価適格合併における被合併法人の株主の課税（法法61の2②）】

　内国法人が、旧株を発行した法人の適格合併（当該法人の株主等に合併法人の株式その他の資産が交付されなかつたものに限る。）により当該旧株を有しな

> いこととなつた場合における前項の規定の適用については、同項第一号に掲げる金額（注：有価証券の譲渡利益額、譲渡損失額）は、これらの旧株の当該合併又は適格合併の直前の帳簿価額に相当する金額とする。
>
> 　　　　　　　　　　　　　　　　　　　＊必要に応じてカッコ書き等を省略

② 無対価株式交換における株式交換完全子法人の株主の課税

　無対価株式交換における株式交換完全子法人の株主の課税については、株式交換完全親法人の株式以外の金銭が交付されない株式交換の場合と同様に、株式交換完全子法人の株式の譲渡対価の額を株式交換直前の帳簿価額とすることにより、譲渡損益を計上しない（法法61の2⑧）。

> 【無対価適格株式交換における株式交換完全子法人の株主の課税（法法61の2⑧）】
>
> 　内国法人が、旧株を発行した法人の行つた適格株式交換（当該法人の株主に株式交換完全親法人の株式その他の資産が交付されなかつたものに限る。）により当該旧株を有しないこととなつた場合における第1項の規定の適用については、同項第一号に掲げる金額は、これらの旧株の当該株式交換又は適格株式交換の直前の帳簿価額に相当する金額とする。
>
> 　　　　　　　　　　　　　　　　　　　＊必要に応じてカッコ書き等を省略

/ IV 組織再編成税制の改正

第4節 支配関係がある法人間の適格合併等における欠損金の制限措置の見直し

　支配関係がある法人の間で適格組織再編成等が行われた場合において、その支配関係が合併法人等の適格組織再編成等の日の属する事業年度開始の日の5年前の日または合併法人等もしくは被合併法人等の設立の日のうち最も遅い日から継続してあるときは、繰越青色欠損金額に係る制限制度及び特定資産の譲渡等損失額の損金不算入制度を適用しない。

(1) 改正前の制度

　従前の制度では、法人と特定資本関係法人（当該法人と50％超の株式保有関係＝特定資本関係がある法人）との間でその法人を合併法人等とする適格合併であっても、みなし共同事業要件を満たさない場合（特定適格合併等）には、合併法人と被合併法人との間に特定資本関係が合併等事業年度開始日の5年前の日以後に生じているときには、その法人の適用期間（合併等事業年度開始の日から3年経過した日と特定資本関係が生じた日から5年経過した日のいずれか早い日までの期間）において生じる特定資産譲渡等損失額は損金の額に算入されない（法法62の7）。
　すなわち、グループ内での組織再編であっても繰越欠損金や含み損の引き継ぎが制限されるため、以下のようなケースでは繰越欠損金が切り捨てられる。

第4節 支配関係がある法人間の適格合併等における欠損金の制限措置の見直し

【会社分割により設立した子会社を5年以内に吸収合併する場合】

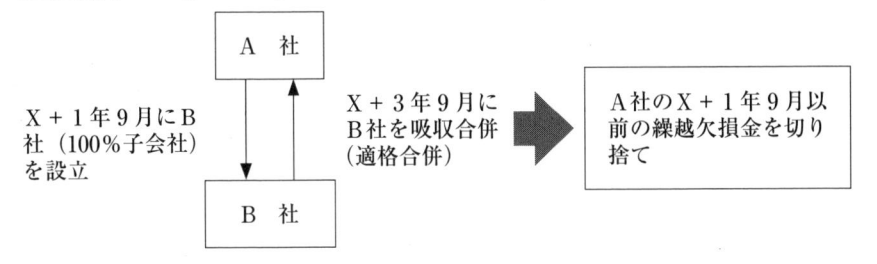

X+1年9月にB社（100％子会社）を設立

A社
↑↓
B社

X+3年9月にB社を吸収合併（適格合併）

→ A社のX+1年9月以前の繰越欠損金を切り捨て

【親会社同士の合併から5年以内に子会社同士が合併する場合】

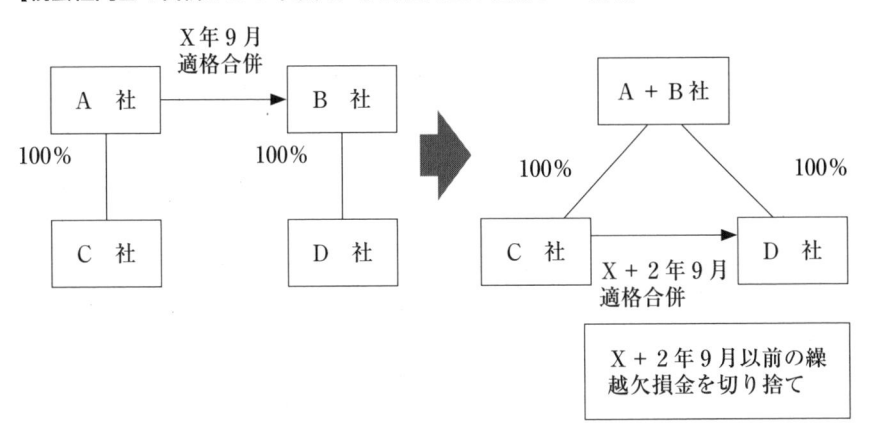

X年9月
適格合併

A社 → B社
100％   100％
C社   D社

⇒

A+B社
100％   100％
C社 ── D社
　　X+2年9月
　　適格合併

X+2年9月以前の繰越欠損金を切り捨て

(2) 適格合併等の場合における欠損金の制限措置の見直し

　今回の改正において、その設立の時から特定資本関係＝支配関係が継続している法人間での組織再編を適用除外とすること、適格合併において特定資本関係を有する会社の株式が包括承継される場合には、適格合併前の特定資本関係継続期間を通算して合併後の当事者間の特定資本関係を判定する等の措置が講じられた。

　ア　被合併法人等から引継ぎを受ける未処理欠損金額に係る制限（法法57③）

　　　50％超の支配関係が適格合併の日の属する事業年度の開始の日の5

年前の日、合併法人の設立の日または被合併法人の設立の日のうち最も遅い日から継続している場合には、制限はない。なお、合併類似適格分割型分割の類型が廃止されることから対象から除かれる。

　イ　合併法人等の繰越青色欠損金額に係る制限（法法57④）

　　50％超の支配関係が、適格合併等の日の属する事業年度の開始の日の5年前の日、合併法人等の設立の日もしくは被合併法人等の設立の日のうち最も遅い日から継続している場合には、制限はない。また、適格現物分配が対象に加えられた。

　ウ　特定資産に係る譲渡等損失額の損金不算入（法法62の7①③）

　　対象に、非適格合併のうち100％グループ内で行われ資産の譲渡損益が計上されないもの及び現物分配が追加された。

　　また、50％超の支配関係が、適格合併等の日の属する事業年度の開始の日の5年前の日、合併法人等の設立の日もしくは被合併法人等の設立の日のうち最も遅い日から継続している場合には、制限はない。

(3)　適用時期

　この改正は、平成22年10月1日以後に合併、分割、現物出資、現物分配が行われる場合における法人の各事業年度の所得に対する法人税について適用される（平成22年改正法附則10②）。

第5節　分割型分割のみなし事業年度の廃止

　改正前の制度では、法人が事業年度の中途において当該法人を分割法人とする分割型分割を行った場合には、その事業年度開始の日から分割型分割の日の前日までの期間及び分割型分割の日からその事業年度終了の日までの期間をそれぞれ当該法人の事業年度とみなすこととされていたが、今回の改正において、制度の簡素化の観点から分割型分割について、みなし事業年度が廃止された（旧法法14①三、15①一の削除）。

　この改正は、平成22年10月1日以後に分割型分割が行われる場合における法人の各事業年度の所得に対する法人税について適用される（平成22年改正法附則10②）。

第6節　合併類似適格分割型分割制度の廃止

　合併類似適格分割型分割が行われた場合の、未処理欠損金額のある場合の欠損金の引継ぎ等が廃止された。

(1)　改正前の制度

　従前の制度では、以下のすべての要件を満たすものを「合併類似適格分割型分割」として、合併類似適格分割型分割が行われた場合に分割法人に未処理欠損金額があるときは、その未処理欠損金額は分割承継法人の分割の日の属する事業年度前の各事業年度に生じた欠損金額とみなして分割の日の属する事業年度以後の各事業年度において繰越控除することとされていた。

①　分割法人の分割型分割前に営む主要な事業が分割承継法人において分割型分割後に引き続き営まれることが見込まれていること
②　分割法人の分割型分割前に有する資産及び負債の全部が分割承継法人に移転すること
③　分割法人を分割型分割後直ちに解散することが分割型分割の日までに分割法人の株主総会または社員総会において決議されていること

(2) 改正の概要

しかしながら、これまで適用事例がなかったことから、これらの規定は平成22年10月1日をもって廃止されることとなった（法法57②ほか、平成22年改正法法附則10②）。

第Ⅴ章

その他の改正

第1節 清算所得課税の廃止

清算所得課税は廃止され、通常の所得課税に移行する。その際、期限切れ欠損金の損金算入制度を整備する等の所要の措置を講じる。また、連結子法人の解散を原則として連結納税の承認の取消事由から除外する。

(1) 改正前の制度

内国法人が解散した場合には、清算所得に対する法人税が課された（旧法法5）。普通法人または協同組合等が解散した場合の清算所得に対する法人税の課税標準は、解散による清算所得の金額とされた（旧法法92）。解散による清算所得の金額は、その残余財産の価額から、その解散の時の資本金等の額（連結事業年度終了の日に解散した場合には連結個別資本金等の額）と利益積立金額等との合計額を控除した金額である（旧法法93）。

【清算所得（旧法法93①）】

　清算所得＝残余財産の価額−[解散時の資本金等の額＋解散時の利益積立金額等]

上記清算所得に対して、事業税を考慮して27.1％（協同組合等については20.5％の税率で課税されていた（旧法法99①②））。

また、残余財産が確定するまでの間における清算中の各事業年度については、解散をしていない法人の所得とみなして課税されていた（清算予納申告、旧法法102①）。

(2) 清算所得課税の廃止

清算所得課税は、各事業年度の所得の金額に対する課税とその構造が異なってはいたが、法人の清算にあたって、過去に各事業年度の所得の金額に対する課税によって課税が行われていない所得に対して課税を行おうとするものであり、各事業年度の所得の金額に対する課税の枠組みの中で課税を行うことが可能であることから、今回の改正で、清算所得課税を廃止（旧法法6、92〜120の削除）するとともに、清算中の内国法人である普通法人または協同組合等に各事業年度の所得に対する法人税を課すこととされた（法法5）。

(3) 期限切れ欠損金の損金算入等

清算所得課税の廃止に伴い、法人が解散した場合において、残余財産がないと見込まれるときは、期限切れ欠損金について、青色欠損金等控除後（最後事業年度の事業税の損金算入前）の所得金額を限度として損金の額に算入することとされた（法法59③）。

【期限切れ欠損金の損金算入（法法59③）】

　内国法人が解散した場合において、残余財産がないと見込まれるときは、その清算中に終了する事業年度（「適用年度」）前の各事業年度において生じた欠損金額（連結事業年度において生じた第81条の18第1項に規定する個別欠損金

> 額（当該連結事業年度に連結欠損金額が生じた場合には、当該連結欠損金額のうち当該内国法人に帰せられる金額を加算した金額）を含む。）で政令で定めるものに相当する金額（当該相当する金額がこの項及び第62条の5第5項の規定を適用しないものとして計算した場合における当該適用年度の所得の金額を超える場合には、その超える部分の金額を控除した金額）は、当該適用年度の所得の金額の計算上、損金の額に算入する。

　残余財産の全部の分配または引渡し（適格現物分配による場合を除く）により、被現物分配法人等にその有する資産を移転するときは、その残余財産の確定時の時価により譲渡したものとして、残余財産の確定の日の属する事業年度（最後事業年度）において譲渡損益を計上する（法法62の5①②）。

　最後事業年度に係る事業税の額は、その事業年度の損金の額に算入される（法法62の5⑤）。

　みなし事業年度、確定申告書の提出期限等について規定の整備が行われている（法法14①、74②、75の2①、135③）。

　また、清算所得課税を各事業年度の所得の金額に対する課税に改めるならば、連結子法人の解散を連結離脱事由とする必要はないと考えられるため、連結子法人の解散は、原則として連結納税の承認の取消事由から除外された。

(4) 適用時期

　この改正は、平成22年10月1日以後に解散が行われる場合について適用される（平成22年改正法附則10②）。

V　その他の改正

第2節　売買目的有価証券、未決済デリバティブ取引に係る契約等

　一括評価金銭債権または短期売買商品、売買目的有価証券、空売り等に係る契約、未決済デリバティブ取引に係る契約、繰延ヘッジ処理もしくは時価ヘッジ処理の対象となる資産等もしくは外貨建資産等を適格分社型分割等により移転する場合には、その移転の直前の時または前日を事業年度終了の日とみなして、貸倒引当金の繰り入れまたは時価評価による損益の計上を行う。

(1) 改正前の制度

　改正前の制度では、内国法人が事業年度終了の時において、売買目的有価証券（法法61の3）、未決済空売り有価証券（法法61の4）、未決済デリバティブ取引に係る契約（法法61の5）、未決済繰延ヘッジ取引に係る契約（法法61の6）、時価ヘッジ処理による売買目的外有価証券（法法61の7）、外貨建資産等（法法61の9）、為替予約（法法61の10）を保有し、あるいは行っている場合には、時価法によって評価した金額をもって評価額とし、評価益（時価評価金額が帳簿価額を超える場合のその超える部分の金額）または評価損（帳簿価額が時価評価金額を超える場合のその超える部分の金額）は、益金の額または損金の額に算入する。

第2節 売買目的有価証券、未決済デリバティブ取引に係る契約等

(2) 改正の概要

今回の改正により、期中に行う分割型分割についてのみなし事業年度が廃止されるため、適格分割型分割の際には、移転する資産は帳簿価額で移転することになり、移転しない資産は評価替えを行わないため、売買目的有価証券や未決デリバティブ取引も帳簿価額のままとなる。そこで、適格分割型分割の日の前日を事業年度終了の日とした評価額により移転することとし、評価損益を計上することとされた。また、適格分社型分割、適格現物出資により移転する場合も同様とされている（法法61の3③ほか）。

売買目的有価証券、未決済デリバティブ取引に係る契約、外貨建資産等については、適格現物分配（残余財産の分配を除く）による移転の場合についても同様とされる（法法61の5②ほか）。

【売買目的有価証券の評価益又は評価損の益金又は損金算入等（法法61の3）】

2 内国法人が事業年度終了の時において売買目的有価証券を有する場合には、当該売買目的有価証券に係る評価益（当該売買目的有価証券の時価評価金額が当該売買目的有価証券のその時における帳簿価額（以下この項において「期末帳簿価額」という。）を超える場合におけるその超える部分の金額をいう。次項において同じ。）又は評価損（当該売買目的有価証券の期末帳簿価額が当該売買目的有価証券の時価評価金額を超える場合におけるその超える部分の金額をいう。次項において同じ。）は、第25条第1項（資産の評価益の益金不算入）又は第33条第1項（資産の評価損の損金不算入）の規定にかかわらず、当該事業年度の所得の金額の計算上、益金の額又は損金の額に算入する。

3 内国法人が適格分割、適格現物出資又は適格現物分配（適格現物分配にあつては、残余財産の全部の分配を除く。以下この項において「適格分割等」という。）により分割承継法人、被現物出資法人又は被現物分配法人に売買目的有価証券を移転する場合には、当該適格分割等の日の前日を事業年度終了

> の日とした場合に前項の規定により計算される当該売買目的有価証券に係る評価益又は評価損に相当する金額は、第25条第1項又は第33条第1項の規定にかかわらず、当該適格分割等の日の属する事業年度の所得の金額の計算上、益金の額又は損金の額に算入する。
> 4　第2項に規定する評価益又は評価損の翌事業年度における処理その他前三項の規定の適用に関し必要な事項は、政令で定める。

(3)　適用時期

　この改正は、平成22年10月1日以後に分割、現物出資、現物分配が行われる場合における法人の各事業年度の所得に対する法人税について適用される（平成22年改正法附則10②）。

第3節 その他

(1) 完全支配関係がある法人の残余財産が確定した場合の欠損金の引継ぎ

　内国法人との間に完全支配関係がある他の内国法人の残余財産が確定した場合において、他の内国法人に未処理欠損金額等があるときは、その未処理欠損金額等に相当する金額は、その株主である内国法人の残余財産の確定の日の翌日の属する事業年度以後の各事業年度における繰越控除の適用において、その未処理欠損金額等の生じた当該他の内国法人の事業年度開始の日の属するその株主である内国法人の事業年度において生じた欠損金額とみなす。ただし、支配関係が5年前の日以後に生じている場合には、引継制限措置の対象となる（法法57②〜④、58①、81の9④）。

　この改正は、平成22年10月1日以後に同日以後に解散する法人の残余財産が確定する場合における法人の各事業年度の所得に対する法人税について適用される（平成22年改正法附則10②）。

(2) 貸倒引当金

① 改正前の制度

　貸倒引当金は、個別評価金銭債権に係るもの（法法52①）と一括評価金銭債権に係るもの（法法52②）とを区分し、各事業年度の金銭債権に対する貸倒れによる損失の見込額として、それぞれの貸倒引当金について損金

V その他の改正

経理により貸倒引当金勘定に繰り入れた金額のうち、繰入限度額に達するまでの金額を損金に算入する。

適格分社型分割等により期中に個別評価金銭債権を移転する場合において、期中貸倒引当金勘定を設けたときは、その直前の時を事業年度終了の時とした場合の繰入限度額に相当する金額までの金額を損金に算入する（法法52⑤）。

被合併法人等において損金算入された貸倒引当金勘定または期中貸倒引当金勘定は合併法人に引き継がれる（旧法法52⑦→新⑦）。

貸倒引当金勘定の金額は、翌事業年度にその全額を取り崩して益金の額に算入する（旧法法52⑨→新⑩）。

② 改正の概要

残余財産の確定（その残余財産の分配が適格現物分配に該当しないものに限る）の日の属する事業年度においては、貸倒引当金の繰り入れは認められない（法法52①②）。

適格現物分配（期末処理となる残余財産の全部の分配であるものを除く）により移転する個別評価金銭債権及び一括評価金銭債権について期中繰り入れが可能となる（法法52⑤⑥）。

適格分社型分割または適格現物出資により移転する一括評価金銭債権について期中繰り入れが可能となる（法法52⑥）。

適格現物分配の場合に貸倒引当金を被現物分配法人に引き継ぐ（法法52⑧）。

そのほか、分割型分割のみなし事業年度の廃止に伴う規定の整備（法法52①②⑤⑥⑦⑧⑩）、適格事後設立の廃止に伴う規定の整備（法法52⑤⑧）がなされている。

③ 適用時期

この改正は、平成22年10月1日以後に同日以後に解散する法人の残余財産が確定する場合等における法人の各事業年度の所得に対する法人税につ

いて適用される（平成22年改正法附則10②）。

(3) 受取配当の益金不算入制度における負債利子控除額の計算

　受取配当等の益金不算入制度における負債利子控除制度における控除負債利子額は、以下の簡便法により計算することができる（法令22⑤）。

$$控除負債利子額 = 支払負債利子額 \times \frac{基準年度の関係法人株式等に係る負債利子額またはその他株式等に係る負債利子額}{基準年度の負債利子額}$$

　今回の改正において、基準年度を平成22年4月1日から平成24年3月31日までに開始する各事業年度（改正前：平成10年4月1日から平成12年3月31日までに開始する各事業年度）とすることとされた。

　この改正は平成22年4月1日以後に開始する事業年度から適用される（平成22年改正法令附則2①）。なお、平成22年4月1日以後に開始する事業年度においては簡便法の基準年度は当該事業年度となるため、原則法による場合の控除負債利子額と同額になる。

資料編

資料1 ■資本に関係する取引等に係る税制についての勉強会 論点とりまとめ（平成21年7月／財務省・経済産業省資料より）

資本に関係する取引等に係る税制についての論点

Ⅰ 基本的な考え方
 一 グループ経営と税制のあり方について
  1 新会社法、組織再編制度、連結会計制度等を背景として、グループ法人の一体的運営が加速している。
  2 グループ経営の実例をみると、
   ① グループ戦略の立案と事業執行の役割を分離し、意志決定の迅速化や事業執行の責任の明確化を図るために事業部門を分社化する場合（総合化繊メーカーが複数の中核事業部門を分社化した例等）
   ② 持株会社設立を通じた経営統合や、一体性強化のための完全子会社化により、子会社経営に対するグループ全体の視点からの関与を強化し、重複事業の整理等のグループ内再編を進める場合（総合家電メーカーがグループ企業を完全子会社化した例や百貨店が持株会社設立によりグループ化した例等）
  などがみられる。
   このようにグループ経営の実態は、単一事業者内における事業部門と同様にグループ本社が事業管理を集中的に行う場合から、子会社に対してその事業運営の独立性を一定程度許容しつつ、グループ本社が事業間のシナジー効果の実現や重複の排除、経営資源の会社間の再分配といった資本の一体性を生かした全体戦略を行う場合まであるが、最近では、単なる分社化ではなく、関連会社を100％子会社化してグループ経営を強化する企業が増大しており、各会社の独立性を生かしながら、グループ統合のメリットを最大限に追求する傾向が顕著となっている。
   なお、中小企業の実例をみると、新規事業の展開、取引先等他社の要請への対応、事業承継の円滑化、事業責任の明確化のための事業部門の分社化等の目的から、事業運営の独立性については程度の差があるが、100％子会社の設立・取得が行われている。
   このように、グループ経営の実態としては、100％子会社化などによる経営が進展している実態が広くみられる。
  3 税制においては、これまで会社法等関連諸制度の整備に対応して、組織再編税制（2001年）、連結納税制度（2002年）等が整備されてきているが、上記のようにグルー

プ法人の一体的運営が進展している状況を踏まえ、実態に即した課税を実現できるよう、税制のあり方について検討する必要があるのではないかと考えられる。
二　資本に関係する取引等の実態と税制のあり方について
　　資本に関係する取引等について、平成13年の金庫株の解禁等、会社法等の制度改正により、自己株式の取得や組織再編成が増加している。このような最近の資本等に関係する取引等の実態を踏まえ、税制のあり方について検討する必要があるのではないかと考えられる。
三　租税回避行為の防止について
　　上記に際しては、租税回避行為の防止についても検討する必要があるのではないかと考えられる。

Ⅱ　個別論点
　上記Ⅰの基本的な考え方を踏まえて税制の見直しを検討する際の論点として、以下のものが考えられる。
　なお、上記Ⅰ基本的な考え方の一に関するものはグループに係る税制として、二に関するものは資本に関係する取引等に係る税制として取りまとめている。なお、三に関するものはこれらの税制の中に含まれている。
一　グループに係る税制
　　グループ法人の一体的運営が進展している状況を踏まえ、実態に即した課税を実現する観点から、グループ法人一般に対する課税の取扱いとして、グループの要素を反映した課税のあり方（以下、「グループ法人税制」（仮称）という）を検討することが適当であると考えられる。
　　これまでグループ法人を対象とした税制としては連結納税制度があるが、連結納税制度は、グループ法人税制に含まれることとなり、グループ法人相互の関係をさらに推し進めてグループ法人全体を一つの納税主体とすることが適当であると自ら選択した法人を対象とした制度として位置付けることが考えられる。
　　このようにグループ法人税制は、選択制の連結納税制度が包含される制度であるが、このうち、選択制の連結納税制度以外のものについては、所得通算を前提としないことから、便宜上「グループ法人単体課税制度（仮称）」ということとする。
　　このグループ法人単体課税制度については、
　　① 基本的に、現行の単体課税の下で、所得通算までは行わない一方、グループ内取引やグループ法人のステータスについてグループ経営の実態を反映させることが考えられる。

② 上記の考え方を踏まえれば、100％支配関係のグループ法人に等しく適用されることとなると考えられる。これについては、新たな制度に伴う事務負担の発生を懸念して選択的適用を求める意見がある一方、そもそも本制度は、資本の一体性を有するグループ経営の実態に即した課税を実現する観点から設けるものであることや、負担となるような事務が具体的に想定されないこと、これを選択制とすると税負担の恣意的な調整が懸念されることから、本制度を選択制とすることは理論的根拠がないという意見もあった。

1　グループの範囲

　経営の一体性を重視しつつ、少数株主がいるか否かによって親法人の経営の自由度に違いがあるという実態があることや、制度の複雑化を回避する観点から、基本的に100％株式保有による支配関係を対象として検討することが考えられる。

　なお、株式保有割合100％未満の場合も対象とするかという点に関しては経営の実態などを踏まえてこれをどのように税制に反映できるかということについて、また、支配関係の判定に当たって株式保有割合以外の要素を考慮するかという点に関してはその考慮の方法について、それぞれ中長期的な検討課題とすべきではないかと考えられる。

(注)　グループの範囲については、上記のとおり、基本的には資本関係で画することとなるため、外国法人や個人も含まれうるが、各個別制度においては、その制度趣旨・内容に応じて対象者の範囲等を検討することとなる（例えば、連結納税制度においては、外国子法人や個人は対象外）。なお、このようにグループの範囲は、会社のみならず法人一般（個人も含む）となるため、Ⅱ以下ではこれらを「グループ法人」と称している。

2　グループ内取引（特段の記載がない限りグループ法人税制共通）

(1)　グループ法人間の譲渡取引

①　グループ法人間で資産の譲渡取引が行われた場合に生ずる損益については、その資産のグループ外取引等の時点までその計上を繰り延べることが考えられる。
（グループ法人単体課税制度の対象となる法人について）

　具体的には、連結納税制度においては既に連結法人間取引の損益調整制度が事務負担も考慮して定められていることから、グループ法人単体課税制度においても、これと同様の仕組みとすることが考えられる。

(参考)　連結納税制度における譲渡損益調整資産の範囲は、固定資産、土地、有価証券、金銭債権及び繰延資産（売買目的有価証券、帳簿価額1,000万円に満たない資産を除く）とされている。

② さらに、上記①のとおり、グループ法人間の譲渡取引が課税繰延べとなるのであれば、グループ法人税制共通の取扱いとして
　　イ　グループ内の非適格合併も課税繰延べとする（グループ内の非適格株式交換等の場合も完全子法人の資産に対する時価評価課税を行わない）ことが考えられる。
　　ロ　適格事後設立を存置する必要はなく、廃止することが考えられる。
(2) グループ法人間の寄附

　　連結納税グループ内の寄附金については、現行、寄附金の支出側において損金不算入とされる一方、受け手側において益金算入とされているが、これを寄附による所得移転への対応の観点から、そのいずれの側においても不算入とする方向で見直しを検討することが考えられる。

　　なお、グループ法人単体課税制度における寄附による所得移転に対する取扱いについては、連結法人間における寄附の取扱いの見直しを参照しながら、その課税のあり方について検討することが考えられる。

(3) グループ内の資本関連取引
　① 現物配当
　　イ　グループ法人間の現物配当についても、譲渡損益の計上を繰り延べることが考えられる。この取扱いは、残余財産の分配やみなし配当の場合も含め同様とすべきと考えられる。
　　　　この場合、現物配当は、通常の譲渡取引ではないので、上記(1)とは異なり、組織再編成における取扱いと同様の取扱いとする方向で検討するのが適当と考えられる。
　　ロ　残余財産の分配における課税繰延べにより、グループ法人の解散については、清算所得課税を行わないこととなるが、清算所得課税のあり方自体について見直しを行う必要があると考えられる。（後述）
　② 受取配当の益金不算入制度における負債利子控除（グループ法人単体課税制度の対象となる法人について）
　　　現在、連結納税制度における受取配当の益金不算入制度については、負債利子控除が不要とされているが、グループ法人単体課税制度においても、グループ子法人からの受取配当に係る負債利子控除については、グループ内の資金調達に対する中立性を確保する観点や、100％支配関係にある子法人からの配当は間接的に行われる事業からの資金移転と考えられることなどから、これを不要とすることが考えられる。

③ グループ子法人株式の発行法人への譲渡による譲渡損益

グループ子法人株式を発行法人に対して譲渡する場合には、そのグループ子法人株式の譲渡損益を計上しないことが考えられる。

④ グループ内組織再編成

いわゆる無対価組織再編について、その処理の方法等を明確化すべきと考えられる。

3　グループ法人のステータス(グループ法人単体課税制度の対象となる法人について)

「グループ法人単体課税制度」においてグループ内の各法人の資本金等を基準とした各種制度の適用の可否については、親法人の資本金等の規模も判定要素とすることが考えられる。

これに対しては、グループ子法人の経営上の位置づけ等を踏まえた検討を行うべきという意見や、各特例制度の趣旨に照らし検討をする必要があるとの意見もある一方、単独の中小零細企業と異なり資金調達能力等に対する政策的配慮の必要が乏しいため中小企業に対する特例を受けさせる必要がないとの意見や、大法人が事業部門を中小法人に分社化した場合と一社集中させた場合とで税負担が大きく異なることは適当ではないという意見、グループ子法人の経営上の位置付けに配慮すると、大法人が有する個々の事業の位置付けにも配慮して、法人内法人の取扱いを認めざるを得なくなるなどの理由から適当ではないとの意見があった。

対象となる主要な制度は以下のようなものがある。

・　交際費の損金不算入
・　800万円以下の軽減税率
・　留保金課税　など

4　連結納税制度固有の論点

(1)　連結子法人の範囲

① 連結子法人の範囲について、株式保有割合が100％の法人だけではなく、株式保有割合100％未満の法人も対象とすることについては、様々な論点があることを考えると、中長期的な課題とすべきと考えられる。

② 株式保有割合が100％である法人であっても連結納税グループから除外するといういわゆる連結子法人の選択制を認めることについては、グループ法人自らがグループ法人全体を一つの納税主体とすると選択したことを前提としている我が国の連結納税制度の基本的な考え方と整合的ではないと考えられる。

(2)　連結納税グループへの加入時期の柔軟化

事業年度の途中で連結親法人との間に完全支配関係が生じた場合の連結納税グ

ループへの加入時期について、企業会計における取扱い等も考慮しつつさらに検討すべきと考えられる。
　(3)　連結納税開始等における子法人の単体欠損金の持込制限
　　①　連結納税開始時や連結納税グループへの加入時における子法人の単体欠損金の持込制限を緩和することが考えられる。この場合、持込制限緩和の対象となる子法人の範囲についてどのように整理するかを検討する必要がある。その際、連結親法人の単体欠損金の取扱いについても議論する必要があるか検討する必要がある。
　　②　また、法人税収への影響についても考慮する必要がある。
　(4)　連結納税開始等の際の子法人が有する資産に対する時価評価課税
　　　時価評価課税については、既に適用除外が広範に認められているなど、欠損金の持込制限よりも緩和されているが、さらに最近における実態も踏まえつつ、本制度の見直しの要否を検討してはどうかと考えられる。
　(5)　その他
　　　なお、連結納税の適用の承認申請については、現在、最初の連結事業年度としようとする期間の開始の日の６ヶ月前の日までに行うこととされているが、制度創設後の運用実態を踏まえ、この６ヶ月の期間を短縮することができるかどうか検討することが考えられる。
二　資本に関係する取引等に係る税制
　１　みなし配当の際の譲渡損益
　(1)　グループ子法人株式を発行法人に対して譲渡する場合には、そのグループ子法人株式の譲渡損益を計上しないことが考えられる。（グループ内のみ適用）（再掲）
　(2)　自己株式として取得されることを予定して取得した株式については、自己株式の取得により生ずるみなし配当に係る益金不算入制度が適用されるとともに譲渡損が計上されるといった本制度の潜脱的利用を防止する観点から、みなし配当に係る益金不算入を認めないことが適当であると考えられる。
　(3)　抱合せ株式（合併法人が保有する被合併法人株式）については、非適格合併の場合も、譲渡損益を認識しないことが考えられる。
　２　組織再編成
　(1)　金銭を適格対価に追加することについては、その場合は持分を清算していると考えられるとともに、具体的なニーズも乏しいという意見もあることから、金銭以外の資産等も含めた適格対価の範囲の検討として中長期的課題とすべきと考えられる。
　(2)　合併類似適格分割型分割については、活用例が無いことから、廃止すべきと考え

られる。
3　清算所得課税
 (1)　解散前後で課税が異ならないよう、清算所得課税を通常の所得課税に移行することが考えられる。
 (2)　この場合、期限切れ欠損金を利用できることとするなど、バランスのとれた仕組みとする必要があると考えられる。
 (3)　なお、解散後も通常の所得課税の方式が継続されるとなれば、解散を連結子法人の離脱事由とする必要は基本的にないと考えられる。
 (4)　すでに解散の手続きに移行しているものの、長期間にわたり存続している法人については、本則による所得課税方式への移行により対応することを含めて検討する必要があると考えられる。
4　その他
 (1)　適格合併等の場合における欠損金の制限措置等について、その後の実態等を踏まえた見直しを行うべきものと考えられる。
 (2)　分割型分割について、みなし事業年度を設けないこととして、制度の簡素化を図ることが考えられる。
 (3)　その他、技術的な観点から見直しが必要な項目があれば、以上の基本的な考え方を踏まえて検討を行うことが考えられる。

(注)
　本論点ペーパーは、今後の検討を進めるにあたって、その論点となるべき事項を学術的な観点や実務的な観点から取りまとめたものであり、これにより新たな税制の導入等を決定したものではありません。本ペーパーの参照等の際にはご留意下さい。

資料2 ■改正法人税法抜粋（平成22年度税制改正）

（定　義）
第二条　この法律において、次の各号に掲げる用語の意義は、当該各号に定めるところによる。

十二の六　現物分配法人　現物分配（法人（公益法人等及び人格のない社団等を除く。）がその株主等に対し当該法人の次に掲げる事由により金銭以外の資産の交付をすることをいう。次号及び第十二号の十五において同じ。）によりその有する資産の移転を行った法人をいう。

イ　剰余金の配当（株式又は出資に係るものに限るものとし資本剰余金の額の減少に伴うもの及び分割型分割によるものを除く。）若しくは利益の配当（分割型分割によるものを除く。）又は剰余金の分配（出資に係るものに限る。）

ロ　第二十四条第一項第三号から第六号まで（配当等の額とみなす金額）に掲げる事由

十二の六の二　被現物分配法人　現物分配により現物分配法人から資産の移転を受けた法人をいう。

十二の七の五　支配関係　一の者が法人の発行済株式若しくは出資（当該法人が有する自己の株式又は出資を除く。以下この条において「発行済株式等」という。）の総数若しくは総額の百分の五十を超える数若しくは金額の株式若しくは出資を直接若しくは間接に保有する関係として政令で定める関係（以下この号において「当事者間の支配の関係」という。）又は一の者との間に当事者間の支配の関係がある法人相互の関係をいう。

十二の七の六　完全支配関係　一の者が法人の発行済株式等の全部を直接若しくは間接に保有する関係として政令で定める関係（以下この号において「当事者間の完全支配の関係」という。）又は一の者との間に当事者間の完全支配の関係がある法人相互の関係をいう。

十二の七の七　連結完全支配関係　連結親法人と連結子法人との間の完全支配関係（第四条の二に規定する政令で定める関係に限る。以下この号において同じ。）又は連結親法人との間に完全支配関係がある連結子法人相互の関係をいう。

十二の八　適格合併　次のいずれかに該当する合併で被合併法人の株主等に合併法人株式（合併法人の株式又は出資をいう。）又は合併親法人株式（合併法人との間に当該合併法人の発行済株式等の全部を保有する関係として政令で定める関係がある法人の株式又は出資をいう。）のいずれか一方の株式又は出資以外の資産（当該株主等に対する剰余金の配当等（株式又は出資に係る剰余金の配当、利益の配当又は剰余金の分配をいう。）として交付される金銭その他の資産及び合併に反対する当該株主等に対するその買取請

求に基づく対価として交付される金銭その他の資産を除く。)が交付されないものをいう。
イ　その合併に係る被合併法人と合併法人（当該合併が法人を設立する合併（以下この号において「新設合併」という。）である場合にあつては、当該被合併法人と他の被合併法人）との間にいずれか一方の法人による完全支配関係その他の政令で定める関係がある場合の当該合併
ロ　その合併に係る被合併法人と合併法人（当該合併が新設合併である場合にあつては、当該被合併法人と他の被合併法人）との間にいずれか一方の法人による支配関係その他の政令で定める関係がある場合の当該合併のうち、次に掲げる要件のすべてに該当するもの
　(1)・(2)省略

八　省略

十二の九　分割型分割　次に掲げる分割をいう。
イ　分割の日において当該分割に係る分割対価資産（分割により分割法人が交付を受ける分割承継法人の株式（出資を含む。以下第十二号の十六までにおいて同じ。）その他の資産をいう。以下第十二号の十一までにおいて同じ。）のすべてが分割法人の株主等に交付される場合の当該分割
ロ　分割対価資産が交付されない分割で、その分割の直前において、分割承継法人が分割法人の発行済株式等の全部を保有している場合又は分割法人が分割承継法人の株式を保有していない場合の当該分割

十二の十　分社型分割　次に掲げる分割をいう。
イ　分割の日において当該分割に係る分割対価資産が分割法人の株主等に交付されない場合の当該分割（分割対価資産が交付されるものに限る。）
ロ　分割対価資産が交付されない分割で、その分割の直前において分割法人が分割承継法人の株式を保有している場合（分割承継法人が分割法人の発行済株式等の全部を保有している場合を除く。）の当該分割

十二の十一　適格分割　次のいずれかに該当する分割で分割対価資産として分割承継法人の株式又は分割承継親法人株式（分割承継法人との間に当該分割承継法人の発行済株式等の全部を保有する関係として政令で定める関係がある法人の株式をいう。）のいずれか一方の株式以外の資産が交付されないもの（当該株式が交付される分割型分割にあつては、当該株式が分割法人の株主等の有する当該分割法人の株式の数（出資にあつては、金額）の割合に応じて交付されるものに限る。）をいう。
イ　その分割に係る分割法人と分割承継法人との間にいずれか一方の法人による完全支配関係その他の政令で定める関係がある場合の当該分割

ロ　その分割に係る分割法人と分割承継法人との間にいずれか一方の法人による支配関係その他の政令で定める関係がある場合の当該分割のうち、次に掲げる要件のすべてに該当するもの
　(1)～(3)　省略
八　省略
十二の十五　適格現物分配　内国法人を現物分配法人とする現物分配のうち、その現物分配により資産の移転を受ける者がその現物分配の直前において当該内国法人との間に完全支配関係がある内国法人（普通法人又は協同組合等に限る。）のみであるものをいう。

（連結納税義務者）
第四条の二　内国法人（普通法人又は協同組合等に限るものとし、次に掲げる法人を除く。）及び当該内国法人との間に当該内国法人による完全支配関係（連結除外法人（普通法人以外の法人、破産手続開始の決定を受けた法人、資産の流動化に関する法律第二条第三項（定義）に規定する特定目的会社その他政令で定める法人をいう。以下この条において同じ。）及び外国法人が介在しないものとして政令で定める関係に限る。以下この章において同じ。）がある他の内国法人（連結除外法人を除く。）のすべてが当該内国法人を納税義務者として法人税を納めることにつき国税庁長官の承認を受けた場合には、これらの法人は、この法律の定めるところにより、当該内国法人を納税義務者として法人税を納めるものとする。
一　～　三　省略

（連結納税の承認の申請）
第四条の三　前条に規定する内国法人及び当該内国法人との間に当該内国法人による完全支配関係がある同条に規定する他の内国法人は、同条の承認を受けようとする場合には、その承認を受けて各連結事業年度の連結所得に対する法人税を納める最初の連結事業年度としようとする期間の開始の日の三月前の日までに、これらの法人のすべての連名で、当該期間の開始の日その他財務省令で定める事項を記載した申請書を当該内国法人の納税地の所轄税務署長を経由して、国税庁長官に提出しなければならない。
2～5　省略
6　前条に規定する内国法人の設立事業年度（当該内国法人の設立の日の属する事業年度をいう。以下この項及び第八項において同じ。）が連結申請特例年度（この項の規定の適用を受けて同条の承認を受けて各連結事業年度の連結所得に対する法人税を納める最初の連結事業年度としようとする期間をいう。以下この条において同じ。）である場

合にあつては第一項に規定する三月前の日を当該設立事業年度開始の日から一月を経過する日と当該設立事業年度終了の日から二月前の日とのいずれか早い日（次項において「設立年度申請期限」という。）とし、当該内国法人の設立事業年度の翌事業年度が連結申請特例年度である場合にあつては当該三月前の日を当該設立事業年度終了の日と当該翌事業年度終了の日から二月前の日とのいずれか早い日（次項において「設立翌年度申請期限」という。）として、第一項の規定を適用する。

7　省略

8　第六項の規定の適用を受けて第一項の申請書の提出があつた場合において、当該申請書を提出した日から二月を経過する日までにその申請につき承認又は却下の処分がなかつたときは、同項に規定する内国法人及び他の内国法人（当該申請に係る連結申請特例年度開始の時に当該内国法人との間に完全支配関係があるものに限る。次項において同じ。）のすべてにつき、当該二月を経過する日（当該内国法人の設立事業年度の翌事業年度が当該連結申請特例年度であり、かつ、当該翌事業年度開始の日が当該二月を経過する日後である場合には、当該開始の日）においてその承認があつたものとみなす。

9　第六項の規定の適用を受けて行つた第一項の申請につき前条の承認を受けた場合には、その承認は、次の各号に掲げる法人の区分に応じ、当該各号に定める日以後の期間について、その効力を生ずる。

一　連結申請特例年度開始の日の前日の属する事業年度終了の時に時価評価資産等（第六十一条の十一第一項（連結納税の開始に伴う資産の時価評価損益）に規定する時価評価資産その他の政令で定めるものをいう。第十一項において同じ。）を有する第一項に規定する他の内国法人（同条第一項各号に掲げるものを除く。以下この号において「時価評価法人」という。）及び当該時価評価法人が発行済株式又は出資を直接又は間接に保有する第一項に規定する他の内国法人　当該連結申請特例年度終了の日の翌日

二　第一項に規定する内国法人及び他の内国法人のうち、前号に掲げる法人以外の法人　連結申請特例年度開始の日

10　前条に規定する他の内国法人が連結親法人との間に当該連結親法人による完全支配関係を有することとなつた場合（次項に規定する場合を除く。）には、当該他の内国法人については、当該完全支配関係を有することとなつた日（第十四条第二項（第一号に係る部分に限る。次項において同じ。）（みなし事業年度）の規定の適用を受ける場合にあつては、同日の前日の属する同号に規定する月次決算期間の末日の翌日。以下この項において同じ。）において前条の承認があつたものとみなす。この場合において、その承認は、当該完全支配関係を有することとなつた日以後の期間について、その効力を生

ずるものとする。
11　前条に規定する他の内国法人が連結申請特例年度において第六項の規定の適用を受けて同条の承認を受ける第一項に規定する内国法人との間に当該内国法人による完全支配関係を有することとなつた場合には、次の各号に掲げる法人の区分に応じ、当該各号に定める日においてその承認があつたものとみなす。この場合において、その承認は、当該各号に定める日以後の期間について、その効力を生ずるものとする。
　一　当該完全支配関係を有することとなつた日の前日の属する事業年度終了の時に時価評価資産等を有する当該他の内国法人（第六十一条の十二第一項各号（連結納税への加入に伴う資産の時価評価損益）に掲げるものを除く。以下この号において「時価評価法人」という。）及び当該時価評価法人又は第九項第一号に規定する時価評価法人が発行済株式又は出資を直接又は間接に保有する前条に規定する他の内国法人　当該連結申請特例年度終了の日の翌日（第十四条第二項の規定の適用を受ける場合にあつては、当該翌日と当該前日の属する同項第一号に規定する月次決算期間の末日の翌日とのうちいずれか遅い日）
　二　前条に規定する他の内国法人のうち、前号に掲げる法人以外の法人　当該完全支配関係を有することとなつた日（第十四条第二項の規定の適用を受ける場合にあつては、同日の前日の属する同項第一号に規定する月次決算期間の末日の翌日）
12　省略

（連結納税の承認の取消し等）
第四条の五　省略
　2　次の各号に掲げる事実が生じた場合には、連結法人（第一号、第三号、第六号及び第七号にあつてはこれらの規定に規定する連結親法人及びすべての連結子法人とし、第二号にあつては同号に規定する連結親法人とし、第四号及び第五号にあつてはこれらの規定に規定する連結子法人とする。）は、当該各号に定める日において第四条の二の承認を取り消されたものとみなす。この場合において、その承認は、そのみなされた日以後の期間について、その効力を失うものとする。
　一　連結親法人と内国法人（普通法人又は協同組合等に限る。）との間に当該内国法人による完全支配関係が生じたこと　その生じた日
　二・三　省略
　四　連結子法人の解散（合併又は破産手続開始の決定による解散に限る。）又は残余財産の確定　その解散の日の翌日（合併による解散の場合には、その合併の日）又はその残余財産の確定の日の翌日

五　連結子法人が連結親法人との間に当該連結親法人による連結完全支配関係を有しなくなつたこと（第一号、第二号、次号又は第七号に掲げる事実に基因するものを除く。）　その有しなくなつた日

六・七　省略

3～7　省略

(みなし事業年度)

第十四条　次の各号に規定する法人（第五号から第七号までにあつてはこれらの規定に規定する他の内国法人とし、第八号、第十二号、第十三号及び第十五号にあつてはこれらの規定に規定する連結子法人とし、第十一号及び第十六号にあつてはこれらの規定に規定する連結法人とし、第十四号にあつては同号に規定する連結親法人とする。）が当該各号に掲げる場合に該当することとなつたときは、前条第一項の規定にかかわらず、当該各号に定める期間をそれぞれ当該法人の事業年度とみなす。

一　内国法人（連結子法人を除く。）が事業年度の中途において解散（合併による解散を除く。）をした場合　その事業年度開始の日から解散の日までの期間及び解散の日の翌日からその事業年度終了の日までの期間

二　～　二十五　省略

2　第四条の二に規定する他の内国法人が、前項第六号又は第七号に掲げる場合に該当することとなつた場合（同項第八号又は第十一号に掲げる場合にも該当することとなつた場合を除く。）において、当該他の内国法人のこの項の規定の適用がないものとした場合に加入日（前項第六号に規定する加入日又は同項第七号に規定する加入日をいう。以下この項において同じ。）の前日の属する事業年度に係る第七十四条第一項(確定申告)の規定による申告書の提出期限となる日までに、この項の規定の適用を受ける旨その他財務省令で定める事項を記載した書類を納税地の所轄税務署長に提出したときは、次の各号に掲げる場合の区分に応じ当該各号に定めるところによる。

一　当該加入日から当該加入日の前日の属する月次決算期間（法人の会計期間をその開始の日以後一月ごとに区分した各期間（最後に一月未満の期間を生じたときは、その一月未満の期間）をいう。以下この号において同じ。）の末日まで継続して当該他の内国法人と連結親法人又は前項第七号に規定する内国法人との間に当該連結親法人又は内国法人による完全支配関係がある場合　前条第一項及び前項第六号又は第七号の規定にかかわらず、次に掲げる場合の区分に応じ、それぞれ次に定める期間を、当該他の内国法人の事業年度とみなす。

イ　前項第六号に掲げる場合に該当することとなつた場合　当該加入日の前日の属する

事業年度開始の日から当該前日の属する月次決算期間の末日までの期間及び当該末日の翌日から当該翌日の属する連結親法人事業年度終了の日までの期間

　ロ　前項第七号に掲げる場合に該当することとなつた場合において、第四条の二の承認を受けたとき　当該加入日の前日の属する事業年度開始の日から当該前日の属する月次決算期間の末日までの期間及び当該末日の翌日から当該翌日の属する連結申請特例年度終了の日（当該翌日が連結申請特例年度終了の日後である場合には、当該連結申請特例年度終了の日の翌日の属する連結親法人事業年度終了の日）までの期間

　ハ　前項第七号に掲げる場合に該当することとなつた場合において、第四条の三第一項の申請が却下されたとき　当該加入日の前日の属する事業年度開始の日から当該前日の属する月次決算期間の末日までの期間（ハにおいて「加入前期間」という。）、当該末日の翌日から当該翌日の属する連結申請特例年度終了の日までの期間及びその終了の日の翌日から当該翌日の属する事業年度終了の日までの期間（当該末日の翌日が連結申請特例年度終了の日後である場合には、加入前期間及び当該末日の翌日から当該翌日の属する事業年度終了の日までの期間）

二　前号に掲げる場合以外の場合　前項第六号又は第七号の規定は、適用しない。

（連結事業年度の意義）

第十五条の二　この法律において「連結事業年度」とは、連結法人の連結親法人事業年度（当該連結法人に係る連結親法人の事業年度をいう。以下この項及び次項において同じ。）開始の日からその終了の日までの期間とする。ただし、第一号から第三号までに掲げる法人にあつてはこれらの号に定める期間（その末日が連結親法人事業年度終了の日である期間を除く。）は連結事業年度に含まないものとし、第四号に掲げる法人にあつては最初連結事業年度（各連結事業年度の連結所得に対する法人税を課される最初の連結事業年度をいう。次項において同じ。）は同号に定める期間とする。

一　省略

二　連結親法人事業年度の中途において解散（合併又は破産手続開始の決定による解散に限る。）をし、又は残余財産が確定した連結子法人　その連結親法人事業年度開始の日から解散の日（合併による解散の場合には、合併の日の前日）又は残余財産の確定の日までの期間

三　省略

四　連結親法人事業年度の中途において連結親法人との間に当該連結親法人による完全支配関係（第四条の二に規定する政令で定める関係に限る。以下この項及び次項において同じ。）を有することとなつた同条に規定する他の内国法人（第四条の三第十一

項第一号（連結納税の承認の申請）に規定する時価評価法人及び当該時価評価法人又は同条第九項第一号に規定する時価評価法人が発行済株式又は出資を直接又は間接に保有するもの（次項において「時価評価法人等」という。）を除く。）　当該完全支配関係を有することとなつた日からその連結親法人事業年度終了の日までの期間

　2　第十四条第二項（第一号に係る部分に限る。）（みなし事業年度）の規定の適用を受ける法人（同号ハに掲げる場合に該当するもの及び時価評価法人等で加入月次決算日（連結親法人との間に完全支配関係を有することとなつた日の前日の属する同号に規定する月次決算期間の末日をいう。以下この項において同じ。）が同条第一項第五号に規定する連結申請特例年度終了の日以前であるものを除く。）の最初連結事業年度は、前項第四号の規定にかかわらず、加入月次決算日の翌日から当該翌日の属する連結親法人事業年度終了の日までの期間とする。

（各事業年度の所得の金額の計算）
第二十二条　省略
　2～4　省略
　5　第二項又は第三項に規定する資本等取引とは、法人の資本金等の額の増加又は減少を生ずる取引並びに法人が行う利益又は剰余金の分配（資産の流動化に関する法律第百十五条第一項（中間配当）に規定する金銭の分配を含む。）及び残余財産の分配又は引渡しをいう。

（受取配当等の益金不算入）
第二十三条　内国法人が次に掲げる金額（第一号に掲げる金額にあつては、外国法人若しくは公益法人等又は人格のない社団等から受けるもの及び適格現物分配に係るものを除く。以下この条において「配当等の額」という。）を受けるときは、その配当等の額（完全子法人株式等及び関係法人株式等のいずれにも該当しない株式等（株式、出資又は受益権をいう。以下この条において同じ。）に係る配当等の額にあつては、当該配当等の額の百分の五十に相当する金額）は、その内国法人の各事業年度の所得の金額の計算上、益金の額に算入しない。
　一～三　省略
　2　前項の規定は、内国法人がその受ける配当等の額（第二十四条第一項（配当等の額とみなす金額）の規定により、その内国法人が受ける配当等の額とみなされる金額を除く。以下この項において同じ。）の元本である株式等をその配当等の額の支払に係る基準日（信託の収益の分配にあつては、その計算の基礎となつた期間の末日）以前一月以

内に取得し、かつ、当該株式等又は当該株式等と銘柄を同じくする株式等を当該基準日後二月以内に譲渡した場合における当該譲渡した株式等のうち政令で定めるものの配当等の額については、適用しない。

3　第一項の規定は、内国法人がその受ける配当等の額（第二十四条第一項（第四号に係る部分に限る。）の規定により、その内国法人が受ける配当等の額とみなされる金額に限る。以下この項において同じ。）の元本である株式又は出資で、その配当等の額の生ずる基因となる同号に掲げる事由が生ずることが予定されているものの取得（適格合併又は適格分割型分割による引継ぎを含む。）をした場合におけるその取得をした株式又は出資に係る配当等の額（その予定されていた事由（第六十一条の二第十六項（有価証券の譲渡益又は譲渡損の益金又は損金算入）の規定の適用があるものを除く。）に基因するものとして政令で定めるものに限る。）については、適用しない。

4　第一項の場合において、同項の内国法人が当該事業年度において支払う負債の利子（これに準ずるものとして政令で定めるものを含むものとし、当該内国法人との間に連結完全支配関係がある連結法人に支払うものを除く。）があるときは、同項の規定により当該事業年度の所得の金額の計算上益金の額に算入しない金額は、次に掲げる金額の合計額とする。

一　その保有する完全子法人株式等につき当該事業年度において受ける配当等の額の合計額

二　その保有する関係法人株式等につき当該事業年度において受ける配当等の額の合計額から当該負債の利子の額のうち当該関係法人株式等に係る部分の金額として政令で定めるところにより計算した金額を控除した金額

三　その保有する完全子法人株式等及び関係法人株式等のいずれにも該当しない株式等につき当該事業年度において受ける配当等の額の合計額から当該負債の利子の額のうち当該株式等に係る部分の金額として政令で定めるところにより計算した金額を控除した金額の百分の五十に相当する金額

5　第一項及び前項に規定する完全子法人株式等とは、配当等の額の計算期間を通じて内国法人との間に完全支配関係があつた他の内国法人（公益法人等及び人格のない社団等を除く。）の株式又は出資として政令で定めるものをいう。

6　第一項及び第四項に規定する関係法人株式等とは、内国法人が他の内国法人（公益法人等及び人格のない社団等を除く。）の発行済株式又は出資（当該他の内国法人が有する自己の株式又は出資を除く。）の総数又は総額の百分の二十五以上に相当する数又は金額の株式又は出資を有する場合として政令で定める場合における当該他の内国法人の株式又は出資（前項に規定する完全子法人株式等を除く。）をいう。

7　第一項の規定は、確定申告書に益金の額に算入されない配当等の額及びその計算に関する明細の記載がある場合に限り、適用する。この場合において、同項の規定により益金の額に算入されない金額は、当該金額として記載された金額を限度とする。

8　税務署長は、第一項の規定により益金の額に算入されないこととなる金額の全部又は一部につき前項の記載がない確定申告書の提出があつた場合においても、その記載がなかつたことについてやむを得ない事情があると認めるときは、その記載がなかつた金額につき第一項の規定を適用することができる。

9　適格合併、適格分割、適格現物出資又は適格現物分配により株式等の移転が行われた場合における第一項及び第二項の規定の適用その他第一項から第六項までの規定の適用に関し必要な事項は、政令で定める。

（外国子会社から受ける配当等の益金不算入）

第二十三条の二　内国法人が外国子会社（当該内国法人が保有しているその株式又は出資の数又は金額がその発行済株式又は出資（その有する自己の株式又は出資を除く。）の総数又は総額の百分の二十五以上に相当する数又は金額となつていることその他の政令で定める要件を備えている外国法人をいう。）から受ける前条第一項第一号に掲げる金額（以下第三項までにおいて「剰余金の配当等の額」という。）がある場合には、当該剰余金の配当等の額から当該剰余金の配当等の額に係る費用の額に相当するものとして政令で定めるところにより計算した金額を控除した金額は、その内国法人の各事業年度の所得の金額の計算上、益金の額に算入しない。

2　前項の規定は、内国法人がその受ける剰余金の配当等の額（次条第一項（第四号に係る部分に限る。）の規定により、その内国法人が受ける剰余金の配当等の額とみなされる金額に限る。以下この項において同じ。）の元本である株式又は出資で、その剰余金の配当等の額の生ずる基因となる同号に掲げる事由が生ずることが予定されているものの取得（適格合併又は適格分割型分割による引継ぎを含む。）をした場合におけるその取得をした株式又は出資に係る剰余金の配当等の額（その予定されていた事由に基因するものとして政令で定めるものに限る。）については、適用しない。

3　第一項の規定は、確定申告書に益金の額に算入されない剰余金の配当等の額及びその計算に関する明細の記載があり、かつ、財務省令で定める書類を保存している場合に限り、適用する。この場合において、同項の規定により益金の額に算入されない金額は、当該金額として記載された金額を限度とする。

4　省略

5　適格合併、適格分割、適格現物出資又は適格現物分配により外国法人の株式又は出

資の移転が行われた場合における第一項の規定の適用に関し必要な事項は、政令で定める。

（配当等の額とみなす金額）
第二十四条　法人（公益法人等及び人格のない社団等を除く。以下この条において同じ。）の株主等である内国法人が当該法人の次に掲げる事由により金銭その他の資産の交付を受けた場合において、その金銭の額及び金銭以外の資産の価額（適格現物分配に係る資産にあつては、当該法人のその交付の直前の当該資産の帳簿価額に相当する金額）の合計額が当該法人の資本金等の額又は連結個別資本金等の額のうちその交付の基因となつた当該法人の株式又は出資に対応する部分の金額を超えるときは、この法律の規定の適用については、その超える部分の金額は、第二十三条第一項第一号（受取配当等の益金不算入）に掲げる金額とみなす。
　一　～　三　省略
　四　自己の株式又は出資の取得（金融商品取引法第二条第十六項（定義）に規定する金融商品取引所の開設する市場における購入による取得その他の政令で定める取得及び第六十一条の二第十三項第一号から第三号まで（有価証券の譲渡益又は譲渡損の益金又は損金算入）に掲げる株式又は出資の同項に規定する場合に該当する場合における取得を除く。）
　五　～　六　省略
　2　～　3　省略

第三目　受贈益
第二十五条の二　内国法人が各事業年度において当該内国法人との間に完全支配関係（法人による完全支配関係に限る。）がある他の内国法人から受けた受贈益の額（第三十七条（寄附金の損金不算入）又は第八十一条の六（連結事業年度における寄附金の損金不算入）の規定を適用しないとした場合に当該他の内国法人の各事業年度の所得の金額又は各連結事業年度の連結所得の金額の計算上損金の額に算入される第三十七条第七項（第八十一条の六第六項において準用する場合を含む。）に規定する寄附金の額に対応するものに限る。）は、当該内国法人の各事業年度の所得の金額の計算上、益金の額に算入しない。
　2　前項に規定する受贈益の額は、寄附金、拠出金、見舞金その他いずれの名義をもつてされるかを問わず、内国法人が金銭その他の資産又は経済的な利益の贈与又は無償の供与（広告宣伝及び見本品の費用その他これらに類する費用並びに交際費、接待費及び福利厚生費とされるべきものを除く。次項において同じ。）を受けた場合における当該

金銭の額若しくは金銭以外の資産のその贈与の時における価額又は当該経済的な利益のその供与の時における価額によるものとする。
　3　内国法人が資産の譲渡又は経済的な利益の供与を受けた場合において、その譲渡又は供与の対価の額が当該資産のその譲渡の時における価額又は当該経済的な利益のその供与の時における価額に比して低いときは、当該対価の額と当該価額との差額のうち実質的に贈与又は無償の供与を受けたと認められる金額は、前項の受贈益の額に含まれるものとする。

（寄附金の損金不算入）
第三十七条　省略
　2　内国法人が各事業年度において当該内国法人との間に完全支配関係（法人による完全支配関係に限る。）がある他の内国法人に対して支出した寄附金の額（第二十五条の二（受贈益の益金不算入）又は第八十一条の三第一項（第二十五条の二に係る部分に限る。）（個別益金額又は個別損金額の益金又は損金算入）の規定を適用しないとした場合に当該他の内国法人の各事業年度の所得の金額又は各連結事業年度の連結所得の金額の計算上益金に算入される第二十五条の二第二項に規定する受贈益の額に対応するものに限る。）は、当該内国法人の各事業年度の所得の金額の計算上、損金の額に算入しない。
　3　～　12　省略

（貸倒引当金）
第五十二条　内国法人が、更生計画認可の決定に基づいてその有する金銭債権の弁済を猶予され、又は賦払により弁済される場合その他の政令で定める場合において、その一部につき貸倒れその他これに類する事由による損失が見込まれる金銭債権（当該金銭債権に係る債務者に対する他の金銭債権がある場合には、当該他の金銭債権を含む。以下この条において「個別評価金銭債権」という。）のその損失の見込額として、各事業年度（被合併法人の適格合併に該当しない合併の日の前日の属する事業年度及び残余財産の確定（その残余財産の分配が適格現物分配に該当しないものに限る。次項において同じ。）の日の属する事業年度を除く。）において損金経理により貸倒引当金勘定に繰り入れた金額については、当該繰り入れた金額のうち、当該事業年度終了の時において当該個別評価金銭債権の取立て又は弁済の見込みがないと認められる部分の金額を基礎として政令で定めるところにより計算した金額（第五項において「個別貸倒引当金繰入限度額」という。）に達するまでの金額は、当該事業年度の所得の金額の計算上、損金の額に算入する。

2　内国法人が、その有する売掛金、貸付金その他これらに準ずる金銭債権(個別評価金銭債権を除く。以下この条において「一括評価金銭債権」という。)の貸倒れによる損失の見込額として、各事業年度(被合併法人の適格合併に該当しない合併の日の前日の属する事業年度及び残余財産の確定の日の属する事業年度を除く。)において損金経理により貸倒引当金勘定に繰り入れた金額については、当該繰り入れた金額のうち、当該事業年度終了の時において有する一括評価金銭債権の額及び最近における売掛金、貸付金その他これらに準ずる金銭債権の貸倒れによる損失の額を基礎として政令で定めるところにより計算した金額(第六項において「一括貸倒引当金繰入限度額」という。)に達するまでの金額は、当該事業年度の所得の金額の計算上、損金の額に算入する。

3　～　4　省略

5　内国法人が、適格分割、適格現物出資又は適格現物分配(適格現物分配にあっては、残余財産の全部の分配を除く。以下この条において「適格分割等」という。)により分割承継法人、被現物出資法人又は被現物分配法人に個別評価金銭債権を移転する場合において、当該個別評価金銭債権について第一項の貸倒引当金勘定に相当するもの(以下この条において「期中個別貸倒引当金勘定」という。)を設けたときは、その設けた期中個別貸倒引当金勘定の金額に相当する金額のうち、当該個別評価金銭債権につき当該適格分割等の直前の時を事業年度終了の時とした場合に同項の規定により計算される個別貸倒引当金繰入限度額に相当する金額に達するまでの金額は、当該適格分割等の日の属する事業年度の所得の金額の計算上、損金の額に算入する。

6　内国法人が、適格分割等により分割承継法人、被現物出資法人又は被現物分配法人に一括評価金銭債権を移転する場合において、当該一括評価金銭債権について第二項の貸倒引当金勘定に相当するもの(以下この条において「期中一括貸倒引当金勘定」という。)を設けたときは、その設けた期中一括貸倒引当金勘定の金額に相当する金額のうち、当該一括評価金銭債権につき当該適格分割等の直前の時を事業年度終了の時とした場合に同項の規定により計算される一括貸倒引当金繰入限度額に相当する金額に達するまでの金額は、当該適格分割等の日の属する事業年度の所得の金額の計算上、損金の額に算入する。

7　前二項の規定は、これらの規定に規定する内国法人が適格分割等の日以後二月以内に期中個別貸倒引当金勘定の金額又は期中一括貸倒引当金勘定の金額に相当する金額その他の財務省令で定める事項を記載した書類を納税地の所轄税務署長に提出した場合に限り、適用する。

8　内国法人が、適格合併、適格分割、適格現物出資又は適格現物分配(以下この項及び第十一項において「適格組織再編成」という。)を行つた場合には、次の各号に掲げ

る適格組織再編成の区分に応じ、当該各号に定める貸倒引当金勘定の金額又は期中個別貸倒引当金勘定の金額若しくは期中一括貸倒引当金勘定の金額は、当該適格組織再編成に係る合併法人、分割承継法人、被現物出資法人又は被現物分配法人（第十一項において「合併法人等」という。）に引き継ぐものとする。
- 一　適格合併又は適格現物分配（残余財産の全部の分配に限る。）　第一項又は第二項の規定により当該適格合併の日の前日又は当該残余財産の確定の日の属する事業年度の所得の金額の計算上損金の額に算入されたこれらの規定に規定する貸倒引当金勘定の金額
- 二　適格分割等　第五項又は第六項の規定により当該適格分割等の日の属する事業年度の所得の金額の計算上損金の額に算入された期中個別貸倒引当金勘定の金額又は期中一括貸倒引当金勘定の金額

9　第一項、第二項、第五項及び第六項の規定の適用については、個別評価金銭債権及び一括評価金銭債権には、内国法人が当該内国法人との間に連結完全支配関係がある連結法人に対して有する金銭債権を含まないものとする。

10　第一項又は第二項の規定により各事業年度の所得の金額の計算上損金の額に算入されたこれらの規定に規定する貸倒引当金勘定の金額は、当該事業年度の翌事業年度の所得の金額の計算上、益金の額に算入する。

11　第八項の規定により合併法人等が引継ぎを受けた貸倒引当金勘定の金額又は期中個別貸倒引当金勘定の金額若しくは期中一括貸倒引当金勘定の金額は、当該合併法人等の適格組織再編成の日の属する事業年度の所得の金額の計算上、益金の額に算入する。

12　省略

13　第三項、第四項及び第七項に定めるもののほか、第一項、第二項、第五項、第六項及び第八項から前項までの規定の適用に関し必要な事項は、政令で定める。

（青色申告書を提出した事業年度の欠損金の繰越し）
第五十七条　確定申告書を提出する内国法人の各事業年度開始の日前七年以内に開始した事業年度において生じた欠損金額（この項の規定により当該各事業年度前の事業年度の所得の金額の計算上損金の額に算入されたもの及び第八十条（欠損金の繰戻しによる還付）の規定により還付を受けるべき金額の計算の基礎となつたものを除く。）がある場合には、当該欠損金額に相当する金額は、当該各事業年度の所得の金額の計算上、損金の額に算入する。ただし、当該欠損金額に相当する金額が当該欠損金額につき本文の規定を適用せず、かつ、第六十二条の五第五項（現物分配による資産の譲渡）の規定を適用しないものとして計算した場合における当該各事業年度の所得の金額（当該欠損金額の生

じた事業年度前の事業年度において生じた欠損金額に相当する金額で本文又は第五十八条第一項（青色申告書を提出しなかつた事業年度の災害による損失金の繰越し）の規定により当該各事業年度の所得の金額の計算上損金の額に算入されるものがある場合には、当該損金の額に算入される金額を控除した金額）を超える場合は、その超える部分の金額については、この限りでない。

2　前項の内国法人を合併法人とする適格合併が行われた場合又は当該内国法人との間に完全支配関係（当該内国法人による完全支配関係又は第二条第十二号の七の六（定義）に規定する相互の関係に限る。）がある他の内国法人で当該内国法人が発行済株式若しくは出資の全部若しくは一部を有するものの残余財産が確定した場合において、当該適格合併に係る被合併法人又は当該他の内国法人（以下この項において「被合併法人等」という。）の当該適格合併の日前七年以内に開始し、又は当該残余財産の確定の日の翌日前七年以内に開始した各事業年度（以下この項及び次項において「前七年内事業年度」という。）において生じた欠損金額（当該被合併法人等が当該欠損金額（この項又は第五項の規定により当該被合併法人等の欠損金額とみなされたものを含み、第四項又は第八項の規定によりないものとされたものを除く。次項及び第七項において同じ。）の生じた前七年内事業年度について青色申告書である確定申告書を提出していることその他の政令で定める要件を満たしている場合における当該欠損金額に限るものとし、前項の規定により当該被合併法人等の前七年内事業年度の所得の金額の計算上損金の額に算入されたもの及び第八十条の規定により還付を受けるべき金額の計算の基礎となつたものを除く。以下この項において「未処理欠損金額」という。）があるときは、当該内国法人の当該適格合併の日の属する事業年度又は当該残余財産の確定の日の翌日の属する事業年度（以下この項において「合併等事業年度」という。）以後の各事業年度における前項の規定の適用については、当該前七年内事業年度において生じた未処理欠損金額（当該他の内国法人に株主等が二以上ある場合には、当該未処理欠損金額を当該他の内国法人の発行済株式又は出資（当該他の内国法人が有する自己の株式又は出資を除く。）の総数又は総額で除し、これに当該内国法人の有する当該他の内国法人の株式又は出資の数又は金額を乗じて計算した金額）は、それぞれ当該未処理欠損金額の生じた前七年内事業年度開始の日の属する当該内国法人の各事業年度（当該内国法人の合併等事業年度開始の日以後に開始した当該被合併法人等の当該前七年内事業年度において生じた未処理欠損金額にあつては、当該合併等事業年度の前事業年度）において生じた欠損金額とみなす。

3　前項の適格合併に係る被合併法人（同項の内国法人（当該内国法人が当該適格合併により設立された法人である場合にあつては、当該適格合併に係る他の被合併法人。以

下この項において同じ。）との間に支配関係があるものに限る。）又は前項の残余財産が確定した他の内国法人（以下この項において「被合併法人等」という。）の前項に規定する未処理欠損金額には、当該適格合併が共同で事業を営むための合併として政令で定めるものに該当する場合又は当該被合併法人等と同項の内国法人との間に当該内国法人の当該適格合併の日の属する事業年度開始の日（当該適格合併が法人を設立するものである場合には、当該適格合併の日）の五年前の日若しくは当該残余財産の確定の日の翌日の属する事業年度開始の日の五年前の日、当該被合併法人等の設立の日若しくは当該内国法人の設立の日のうち最も遅い日から継続して支配関係がある場合として政令で定める場合のいずれにも該当しない場合には、次に掲げる欠損金額を含まないものとする。

一　当該被合併法人等の支配関係事業年度（当該被合併法人等と当該内国法人との間に最後に支配関係があることとなつた日の属する事業年度をいう。次号において同じ。）前の各事業年度で前七年内事業年度に該当する事業年度において生じた欠損金額（当該被合併法人等において第一項の規定により前七年内事業年度の所得の金額の計算上損金の額に算入されたもの及び第八十条の規定により還付を受けるべき金額の計算の基礎となつたものを除く。次号において同じ。）

二　当該被合併法人等の支配関係事業年度以後の各事業年度で前七年内事業年度に該当する事業年度において生じた欠損金額のうち第六十二条の七第二項（特定資産に係る譲渡等損失額の損金不算入）に規定する特定資産譲渡等損失額に相当する金額から成る部分の金額として政令で定める金額

4　第一項の内国法人と支配関係法人（当該内国法人との間に支配関係がある法人をいう。以下この項において同じ。）との間で当該内国法人を合併法人、分割承継法人、被現物出資法人又は被現物分配法人とする適格合併若しくは適格合併に該当しない合併で第六十一条の十三第一項（完全支配関係がある法人の間の取引の損益）の規定の適用があるもの、適格分割、適格現物出資又は適格現物分配（以下この項において「適格組織再編成等」という。）が行われた場合（当該内国法人の当該適格組織再編成等の日（当該適格組織再編成等が残余財産の全部の分配である場合には、その残余財産の確定の日の翌日）の属する事業年度（以下この項において「組織再編成事業年度」という。）開始の日の五年前の日、当該内国法人の設立の日又は当該支配関係法人の設立の日のうち最も遅い日から継続して当該内国法人と当該支配関係法人との間に支配関係がある場合として政令で定める場合を除く。）において、当該適格組織再編成等が共同で事業を営むための適格組織再編成等として政令で定めるものに該当しないときは、当該内国法人の当該適格組織再編成事業年度以後の各事業年度における第一項の規定の適用については、当該内国法人の同項に規定する欠損金額（第二項又は次項の規定により当該内国法

人の欠損金額とみなされたものを含み、この項又は第八項の規定によりないものとされたものを除く。以下この項において同じ。）のうち次に掲げる欠損金額は、ないものとする。

一 当該内国法人の支配関係事業年度（当該内国法人と当該支配関係法人との間に最後に支配関係があることとなつた日の属する事業年度をいう。次号において同じ。）前の各事業年度で前七年内事業年度（当該組織再編成事業年度開始の日前七年以内に開始した各事業年度をいう。以下この項において同じ。）に該当する事業年度において生じた欠損金額（第一項の規定により前七年内事業年度の所得の金額の計算上損金の額に算入されたもの及び第八十条の規定により還付を受けるべき金額の計算の基礎となつたものを除く。次号において同じ。）

二 当該内国法人の支配関係事業年度以後の各事業年度で前七年内事業年度に該当する事業年度において生じた欠損金額のうち第六十二条の七第二項に規定する特定資産譲渡等損失額に相当する金額から成る部分の金額として政令で定める金額

5 内国法人が、第四条の五第二項（連結納税の承認の取消し）の規定により第四条の二（連結納税義務者）の承認を取り消された場合又は第四条の五第三項の承認を受けた場合（以下この項において「承認の取消し等の場合」という。）において、当該承認の取消し等の場合の最終の連結事業年度終了の日の翌日の属する事業年度開始の日前七年以内に開始した各連結事業年度において生じた当該内国法人の連結欠損金個別帰属額（第八十一条の九第六項（連結欠損金の繰越し）に規定する連結欠損金個別帰属額をいう。以下この項及び次項において同じ。）があるときは、当該前日の属する事業年度以後の各事業年度における第一項の規定の適用については、当該連結欠損金個別帰属額は、当該連結欠損金個別帰属額が生じた連結事業年度開始の日の属する当該内国法人の事業年度において生じた欠損金額とみなす。

6 第二項の適格合併に係る被合併法人が連結法人（連結子法人にあつては、連結事業年度終了の日の翌日に当該連結子法人を被合併法人とする適格合併を行うものに限る。）である場合又は同項の残余財産が確定した他の内国法人が連結法人（当該連結法人の連結事業年度終了の日に残余財産が確定した連結子法人に限る。）である場合には、当該被合併法人又は他の内国法人の当該適格合併の日前七年以内に開始し、又は当該残余財産の確定の日の翌日前七年以内に開始した各連結事業年度において生じた連結欠損金個別帰属額を同項に規定する前七年内事業年度において生じた欠損金額と、連結確定申告書を青色申告書である確定申告書と、当該連結欠損金個別帰属額が生じた連結事業年度を当該被合併法人又は他の内国法人の事業年度とみなして、同項及び第三項の規定を適用する。

7　前項に規定する場合において、同項の適格合併に係る被合併法人又は残余財産が確定した他の内国法人となる連結法人に同項に規定する各連結事業年度前の各事業年度で第二項に規定する前七年内事業年度に該当する事業年度において生じた欠損金額があるときは、当該欠損金額については、同項の規定は、適用しない。

8　第一項の内国法人の次の各号に掲げる事業年度における同項の規定の適用については、当該各号に定める欠損金額は、ないものとする。

一　内国法人（第八十一条の九第二項第一号に規定する特定連結子法人以外の連結子法人に限る。）の連結親法人との間に連結完全支配関係を有することとなつた日から同日の属する第十五条の二第一項（連結事業年度の意義）に規定する連結親法人事業年度終了の日までの期間（以下この号において「最初連結期間」という。）内に当該内国法人を被合併法人とする合併（当該内国法人との間に連結完全支配関係がある他の連結法人を合併法人とするものに限る。）が行われた場合（当該合併の日が当該最初連結期間の開始の日である場合を除く。）又は当該内国法人の最初連結期間内に当該内国法人の残余財産が確定した場合（当該残余財産の確定の日が当該最初連結期間の終了の日である場合を除く。）の当該合併の日の前日又は当該残余財産の確定の日の属する事業年度当該事業年度前の各事業年度において生じた欠損金額（当該各事業年度において第二項又は第五項の規定により当該各事業年度前の各事業年度において生じた欠損金額とみなされたものを含む。次号において同じ。）

二　内国法人（連結法人に限る。）が第十五条の二第一項に規定する最初連結事業年度終了の日後に第四条の五第一項若しくは第二項の規定により第四条の二の承認を取り消された場合又は第四条の五第三項の承認を受けた場合の最終の連結事業年度後の各事業年度　当該連結事業年度前の各事業年度において生じた欠損金額

9　第一項の規定は、同項の内国法人が欠損金額（第二項又は第五項の規定により当該内国法人の欠損金額とみなされたものを除く。）の生じた事業年度について青色申告書である確定申告書を提出し、かつ、その後において連続して確定申告書を提出している場合（これらの規定により当該内国法人の欠損金額とみなされたものにつき第一項の規定を適用する場合にあつては、第二項の合併等事業年度又は第五項の最終の連結事業年度終了の日の翌日の属する事業年度の確定申告書を提出し、かつ、その後において連続して確定申告書を提出している場合）に限り、適用する。

10　第二項の合併法人が適格合併により設立された法人である場合における第一項の規定の適用その他同項から第八項までの規定の適用に関し必要な事項は、政令で定める。

（会社更生等による債務免除等があつた場合の欠損金の損金算入）

第五十九条　省略

2　内国法人について再生手続開始の決定があつたことその他これに準ずる政令で定める事実が生じた場合において、その内国法人が次の各号に掲げる場合に該当するときは、その該当することとなつた日の属する事業年度（第三号に掲げる場合に該当する場合には、その該当することとなつた事業年度。以下この項において「適用年度」という。）前の各事業年度において生じた欠損金額（連結事業年度において生じた第八十一条の十八第一項に規定する個別欠損金額（当該連結事業年度に連結欠損金額が生じた場合には、当該連結欠損金額のうち当該内国法人に帰せられる金額を加算した金額）を含む。）で政令で定めるものに相当する金額のうち当該各号に定める金額の合計額（当該合計額がこの項及び第六十二条の五第五項（現物分配による資産の譲渡）（第三号に掲げる場合に該当する場合には、第五十七条第一項（青色申告書を提出した事業年度の欠損金の繰越し）及び前条第一項、この項並びに第六十二条の五第五項）の規定を適用しないものとして計算した場合における当該適用年度の所得の金額を超える場合には、その超える部分の金額を控除した金額）に達するまでの金額は、当該適用年度の所得の金額の計算上、損金の額に算入する。

一　これらの事実の生じた時においてその内国法人に対し政令で定める債権を有する者（当該内国法人との間に連結完全支配関係がある連結法人を除く。）から当該債権につき債務の免除を受けた場合（当該債権が債務の免除以外の事由により消滅した場合でその消滅した債務に係る利益の額が生ずるときを含む。）　その債務の免除を受けた金額（当該利益の額を含む。）

二　これらの事実が生じたことに伴いその内国法人の役員等から金銭その他の資産の贈与を受けた場合　その贈与を受けた金銭の額及び金銭以外の資産の価額

三　第二十五条第三項又は第三十三条第四項の規定の適用を受ける場合　第二十五条第三項の規定により当該適用年度の所得の金額の計算上益金の額に算入される金額から第三十三条第四項の規定により当該適用年度の所得の金額の計算上損金の額に算入される金額を減算した金額

3　内国法人が解散した場合において、残余財産がないと見込まれるときは、その清算中に終了する事業年度（前二項の規定の適用を受ける事業年度を除く。以下この項において「適用年度」という。）前の各事業年度において生じた欠損金額（連結事業年度において生じた第八十一条の十八第一項に規定する個別欠損金額（当該連結事業年度に連結欠損金額が生じた場合には、当該連結欠損金額のうち当該内国法人に帰せられる金額を加算した金額）を含む。）で政令で定めるものに相当する金額（当該相当する金額がこの項及び第六十二条の五第五項の規定を適用しないものとして計算した場合における

当該適用年度の所得の金額を超える場合には、その超える部分の金額を控除した金額)は、当該適用年度の所得の金額の計算上、損金の額に算入する。

4　前三項の規定は、確定申告書にこれらの規定に規定する欠損金額に相当する金額の損金算入に関する明細の記載があり、かつ、財務省令で定める書類の添付がある場合に限り、適用する。

5　税務署長は、前項の記載又は書類の添付がない確定申告書の提出があつた場合においても、その記載又は書類の添付がなかつたことについてやむを得ない事情があると認めるときは、第一項から第三項の規定を適用することができる。

（短期売買商品の譲渡損益及び時価評価損益の益金又は損金算入）

第六十一条　内国法人が短期売買商品（短期的な価格の変動を利用して利益を得る目的で取得した資産として政令で定めるもの（有価証券を除く。）をいう。以下この条において同じ。）の譲渡をした場合には、その譲渡に係る譲渡利益額（第一号に掲げる金額が第二号に掲げる金額を超える場合におけるその超える部分の金額をいう。）又は譲渡損失額（同号に掲げる金額が第一号に掲げる金額を超える場合におけるその超える部分の金額をいう。）は、第六十二条から第六十二条の五まで（合併等による資産の譲渡）の規定の適用がある場合を除き、その譲渡に係る契約をした日の属する事業年度の所得の金額の計算上、益金の額又は損金の額に算入する。

一・二　省略

2　省略

3　内国法人が事業年度終了の時において短期売買商品を有する場合には、当該短期売買商品に係る評価益（当該短期売買商品の時価評価金額が当該短期売買商品のその時における帳簿価額（以下この項において「期末帳簿価額」という。）を超える場合におけるその超える部分の金額をいう。次項において同じ。）又は評価損（当該短期売買商品の期末帳簿価額が当該短期売買商品の時価評価金額を超える場合におけるその超える部分の金額をいう。次項において同じ。）は、第二十五条第一項（資産の評価益の益金不算入）又は第三十三条第一項（資産の評価損の損金不算入）の規定にかかわらず、当該事業年度の所得の金額の計算上、益金の額又は損金の額に算入する。

4　内国法人が適格分割、適格現物出資又は適格現物分配（適格現物分配にあっては、残余財産の全部の分配を除く。以下この項において「適格分割等」という。）により分割承継法人、被現物出資法人又は被現物分配法人に短期売買商品を移転する場合には、当該適格分割等の日の前日を事業年度終了の日とした場合に前項の規定により計算される当該短期売買商品に係る評価益又は評価損に相当する金額は、第二十五条第一項又は

第三十三条第一項の規定にかかわらず、当該適格分割等の日の属する事業年度の所得の金額の計算上、益金の額又は損金の額に算入する。
5 省略
6 省略

(有価証券の譲渡益又は譲渡損の益金又は損金算入)
第六十一条の二 　内国法人が有価証券の譲渡をした場合には、その譲渡に係る譲渡利益額（第一号に掲げる金額が第二号に掲げる金額を超える場合におけるその超える部分の金額をいう。）又は譲渡損失額（同号に掲げる金額が第一号に掲げる金額を超える場合におけるその超える部分の金額をいう。）は、第六十二条から第六十二条の五まで（合併等による資産の譲渡）の規定の適用がある場合を除き、その譲渡に係る契約をした日（その譲渡が剰余金の配当その他の財務省令で定める事由によるものである場合には、当該剰余金の配当の効力が生ずる日その他の財務省令で定める日）の属する事業年度の所得の金額の計算上、益金の額又は損金の額に算入する。
　一・二 省略
2 　内国法人が、旧株（当該内国法人が有していた株式（出資を含む。以下この条において同じ。）をいう。以下この項において同じ。）を発行した法人の合併（当該法人の株主等に合併法人の株式又は合併法人との間に当該合併法人の発行済株式若しくは出資（自己が有する自己の株式を除く。以下この条において「発行済株式等」という。）の全部を保有する関係として政令で定める関係がある法人の株式のいずれか一方の株式以外の資産（当該株主等に対する第二条第十二号の八（定義）に規定する剰余金の配当等として交付された金銭その他の資産及び合併に反対する当該株主等に対するその買取請求に基づく対価として交付される金銭その他の資産を除く。）が交付されなかつたものに限る。）により当該株式の交付を受けた場合又は旧株を発行した法人の適格合併（当該法人の株主等に合併法人の株式その他の資産が交付されなかつたものに限る。）により当該旧株を有しないこととなつた場合における前項の規定の適用については、同項第一号に掲げる金額は、これらの旧株の当該合併又は適格合併の直前の帳簿価額に相当する金額とする。
3 　合併法人の第二十四条第二項に規定する抱合株式（前項の規定の適用があるものを除く。）に係る第一項の規定の適用については、同項第一号に掲げる金額は、当該抱合株式の合併の直前の帳簿価額に相当する金額とする。
4 　内国法人が旧株（当該内国法人が有していた株式をいう。以下この項において同じ。）を発行した法人の行つた分割型分割により分割承継法人の株式その他の資産の交付を受

けた場合には、当該旧株のうち当該分割型分割により当該分割承継法人に移転した資産及び負債に対応する部分の譲渡を行つたものとみなして、第一項の規定を適用する。この場合において、その分割型分割（第二条第十二号の九イに規定する分割対価資産として分割承継法人の株式又は分割承継法人との間に当該分割承継法人の発行済株式等の全部を保有する関係として政令で定める関係がある法人（以下この項において「親法人」という。）の株式のいずれか一方の株式以外の資産が交付されなかつたもの（以下この項において「金銭等不交付分割型分割」という。）を除く。）により分割承継法人の株式その他の資産の交付を受けたときにおける第一項の規定の適用については、同項第二号に掲げる金額は、その旧株の当該分割型分割の直前の帳簿価額を基礎として政令で定めるところにより計算した金額（以下この項において「分割純資産対応帳簿価額」という。）とし、その分割型分割（金銭等不交付分割型分割に限る。）により分割承継法人の株式又は親法人の株式の交付を受けたときにおける第一項の規定の適用については、同項各号に掲げる金額は、いずれもその旧株の当該分割型分割の直前の分割純資産対応帳簿価額とする。

5　内国法人が自己を分割法人とする適格分割型分割により当該適格分割型分割に係る分割承継法人の株式又は第二条第十二号の十一に規定する分割承継親法人株式（第七項において「分割承継親法人株式」という。）を当該内国法人の株主等に交付した場合における第一項の規定の適用については、同項各号に掲げる金額は、いずれも第六十二条の二第三項（適格合併及び適格分割型分割による資産等の帳簿価額による引継ぎ）に規定する政令で定める金額に相当する金額とする。

6　省略

7　省略

8　内国法人が、旧株（当該内国法人が有していた株式をいう。以下この項において同じ。）を発行した法人の行つた株式交換（当該法人の株主に株式交換完全親法人の株式又は株式交換完全親法人との間に当該株式交換完全親法人の発行済株式等の全部を保有する関係として政令で定める関係がある法人の株式のいずれか一方の株式以外の資産（当該株主に対する剰余金の配当として交付された金銭その他の資産及び株式交換に反対する当該株主に対するその買取請求に基づく対価として交付される金銭その他の資産を除く。）が交付されなかつたものに限る。）により当該株式の交付を受けた場合又は旧株を発行した法人の行つた適格株式交換（当該法人の株主に株式交換完全親法人の株式その他の資産が交付されなかつたものに限る。）により当該旧株を有しないこととなつた場合における第一項の規定の適用については、同項第一号に掲げる金額は、これらの旧株の当該株式交換又は適格株式交換の直前の帳簿価額に相当する金額とする。

9 ～ 15 省略

16 内国法人が、所有株式（当該内国法人が有していた株式をいう。）を発行した他の内国法人（当該内国法人との間に完全支配関係があるものに限る。）の第二十四条第一項各号に掲げる事由（第二項の規定の適用がある合併及び第四項に規定する金銭等不交付分割型分割を除く。）により金銭その他の資産の交付を受けた場合（当該他の内国法人の同条第一項第三号に規定する資本の払戻し若しくは解散による残余財産の一部の分配又は口数の定めがない出資についての出資の払戻しに係るものである場合にあつては、その交付を受けた時において当該所有株式を有する場合に限る。）又は当該事由により当該他の内国法人の株式を有しないこととなつた場合（残余財産の分配を受けないことが確定した場合を含む。）における第一項の規定の適用については、同項第一号に掲げる金額は、同項第二号に掲げる金額（第四項、次項又は第十八項の規定の適用がある場合には、これらの規定により同号に掲げる金額とされる金額）に相当する金額とする。

17 ～ 23 省略

（売買目的有価証券の評価益又は評価損の益金又は損金算入等）

第六十一条の三　内国法人が事業年度終了の時において有する有価証券については、次の各号に掲げる有価証券の区分に応じ当該各号に定める金額をもつて、その時における評価額とする。

一　売買目的有価証券（短期的な価格の変動を利用して利益を得る目的で取得した有価証券として政令で定めるものをいう。以下第三項までにおいて同じ。）当該売買目的有価証券を時価法（事業年度終了の時において有する有価証券を銘柄の異なるごとに区別し、その銘柄の同じものについて、その時における価額として政令で定めるところにより計算した金額をもつて当該有価証券のその時における評価額とする方法をいう。）により評価した金額（次項において「時価評価金額」という。）

二　省略

2　内国法人が事業年度終了の時において売買目的有価証券を有する場合には、当該売買目的有価証券に係る評価益（当該売買目的有価証券の時価評価金額が当該売買目的有価証券のその時における帳簿価額（以下この項において「期末帳簿価額」という。）を超える場合におけるその超える部分の金額をいう。次項において同じ。）又は評価損（当該売買目的有価証券の期末帳簿価額が当該売買目的有価証券の時価評価金額を超える場合におけるその超える部分の金額をいう。次項において同じ。）は、第二十五条第一項（資産の評価益の益金不算入）又は第三十三条第一項（資産の評価損の損金不算入）の規定

にかかわらず、当該事業年度の所得の金額の計算上、益金の額又は損金の額に算入する。

3　内国法人が適格分割、適格現物出資又は適格現物分配（適格現物分配にあつては、残余財産の全部の分配を除く。以下この項において「適格分割等」という。）により分割承継法人、被現物出資法人又は被現物分配法人に売買目的有価証券を移転する場合には、当該適格分割等の日の前日を事業年度終了の日とした場合に前項の規定により計算される当該売買目的有価証券に係る評価益又は評価損に相当する金額は、第二十五条第一項又は第三十三条第一項の規定にかかわらず、当該適格分割等の日の属する事業年度の所得の金額の計算上、益金の額又は損金の額に算入する。

4　第二項に規定する評価益又は評価損の翌事業年度における処理その他前三項の規定の適用に関し必要な事項は、政令で定める。

（有価証券の空売り等に係る利益相当額又は損失相当額の益金又は損金算入等）
第六十一条の四　内国法人が第六十一条の二第十九項（有価証券の空売りをした場合の譲渡利益額又は譲渡損失額の計算）に規定する有価証券の空売り（次項において「有価証券の空売り」という。）、同条第二十項に規定する信用取引（次項及び第三項において「信用取引」という。）、同条第二十項に規定する発行日取引（次項及び第三項において「発行日取引」という。）又は有価証券の引受け（新たに発行される有価証券の取得の申込みの勧誘又は既に発行された有価証券の売付けの申込み若しくはその買付けの申込みの勧誘に際し、これらの有価証券を取得させることを目的としてこれらの有価証券の全部若しくは一部を取得すること又はこれらの有価証券の全部若しくは一部につき他にこれを取得する者がない場合にその残部を取得することを内容とする契約をすることをいい、前条第一項第二号に規定する売買目的外有価証券の取得を目的とするものを除く。次項において同じ。）を行つた場合において、これらの取引のうち事業年度終了の時において決済されていないものがあるときは、その時においてこれらの取引を決済したものとみなして財務省令で定めるところにより算出した利益の額又は損失の額に相当する金額（次項において「みなし決済損益額」という。）は、当該事業年度の所得の金額の計算上、益金の額又は損金の額に算入する。

2　内国法人が適格分割又は適格現物出資（以下この項において「適格分割等」という。）により空売り等（有価証券の空売り、信用取引、発行日取引及び有価証券の引受けをいう。以下この項において同じ。）に係る契約を分割承継法人又は被現物出資法人に移転する場合には、当該適格分割等の日の前日を事業年度終了の日とした場合に前項の規定により計算される当該空売り等に係るみなし決済損益額に相当する金額は、当該適格分割等の日の属する事業年度の所得の金額の計算上、益金の額又は損金の額に算入する。

3　省略
　4　第一項に規定するみなし決済損益額の翌事業年度における処理その他前三項の規定の適用に関し必要な事項は、政令で定める。

（デリバティブ取引に係る利益相当額又は損失相当額の益金又は損金算入等）
第六十一条の五　内国法人がデリバティブ取引（金利、通貨の価格、商品の価格その他の指標の数値としてあらかじめ当事者間で約定された数値と将来の一定の時期における現実の当該指標の数値との差に基づいて算出される金銭の授受を約する取引又はこれに類似する取引であつて、財務省令で定めるものをいう。以下この条において同じ。）を行つた場合において、当該デリバティブ取引のうち事業年度終了の時において決済されていないもの（第六十一条の八第二項（先物外国為替契約等により円換算額を確定させた外貨建取引の換算）の規定の適用を受ける場合における同項に規定する先物外国為替契約等に基づくものその他財務省令で定める取引（次項において「為替予約取引等」という。）を除く。以下この項において「未決済デリバティブ取引」という。）があるときは、その時において当該未決済デリバティブ取引を決済したものとみなして財務省令で定めるところにより算出した利益の額又は損失の額に相当する金額（次項において「みなし決済損益額」という。）は、当該事業年度の所得の金額の計算上、益金の額又は損金の額に算入する。
　2　内国法人が適格分割、適格現物出資又は適格現物分配（適格現物分配にあつては、残余財産の全部の分配を除く。以下この項において「適格分割等」という。）により分割承継法人、被現物出資法人又は被現物分配法人にデリバティブ取引（為替予約取引等を除く。）に係る契約を移転する場合には、当該適格分割等の日の前日を事業年度終了の日とした場合に前項の規定により計算される当該デリバティブ取引に係るみなし決済損益額に相当する金額は、当該適格分割等の日の属する事業年度の所得の金額の計算上、益金の額又は損金の額に算入する。
　3　省略
　4　第一項に規定するみなし決済損益額の翌事業年度における処理その他前三項の規定の適用に関し必要な事項は、政令で定める。

（繰延ヘッジ処理による利益額又は損失額の繰延べ）
第六十一条の六　内国法人が次に掲げる損失の額（以下この条において「ヘッジ対象資産等損失額」という。）を減少させるためにデリバティブ取引等を行つた場合（次条第一項の規定の適用がある場合を除くものとし、当該デリバティブ取引等が当該ヘッジ対象資

産等損失額を減少させるために行つたものである旨その他財務省令で定める事項を財務省令で定めるところにより帳簿書類に記載した場合に限る。次項において同じ。）において、当該デリバティブ取引等を行つた時から事業年度終了の時までの間において当該ヘッジ対象資産等損失額を減少させようとする第一号に規定する資産若しくは負債又は第二号に規定する金銭につき譲渡若しくは消滅又は受取若しくは支払がなく、かつ、当該デリバティブ取引等が当該ヘッジ対象資産等損失額を減少させるために有効であると認められる場合として政令で定める場合に該当するときは、当該デリバティブ取引等に係る利益額又は損失額（当該デリバティブ取引等の決済によつて生じた利益の額又は損失の額（第五項において「決済損益額」という。）、第六十一条の四第一項（有価証券の空売り等に係る利益相当額又は損失相当額の益金又は損金算入等）に規定するみなし決済損益額、前条第一項に規定するみなし決済損益額及び第六十一条の九第二項（外貨建資産等の期末換算差額の益金又は損金算入）に規定する為替換算差額をいう。）のうち当該ヘッジ対象資産等損失額を減少させるために有効である部分の金額として政令で定めるところにより計算した金額（次項において、「有効決済損益額」という。）は、第六十一条の四第一項、前条第一項及び第六十一条の九第二項の規定にかかわらず、当該事業年度の所得の金額の計算上、益金の額又は損金の額に算入しない。

一・二　省略

2　内国法人が、ヘッジ対象資産等損失額を減少させるためにデリバティブ取引等を行つた場合において、適格分割又は適格現物出資（以下この項において「適格分割等」という。）により分割承継法人又は被現物出資法人（以下この項において「分割承継法人等」という。）に当該デリバティブ取引等に係る契約を移転し、かつ、当該適格分割等により前項第一号に規定する資産若しくは負債（当該デリバティブ取引等によりヘッジ対象資産等損失額を減少させようとするものに限る。）の移転をし、又は同項第二号に規定する金銭（当該デリバティブ取引等によりヘッジ対象資産等損失額を減少させようとするものに限る。）を当該分割承継法人等が受け取り、若しくは支払うこととなるとき（当該内国法人が当該適格分割等の前に当該デリバティブ取引等の決済をしていた場合には、当該適格分割等により同項第一号に規定する資産若しくは負債（当該デリバティブ取引等によりヘッジ対象資産等損失額を減少させようとしていたものに限る。）の移転をし、又は同項第二号に規定する金銭（当該デリバティブ取引等によりヘッジ対象資産等損失額を減少させようとしていたものに限る。）を当該分割承継法人等が受け取り、若しくは支払うこととなるとき）は、当該適格分割等の日の前日を事業年度終了の日とした場合に同項の規定により計算される当該デリバティブ取引等に係る有効決済損益額に相当する金額は、第六十一条の四第二項、前条第二項及び第六十一条の九第三項の規

定にかかわらず、当該適格分割等の日の属する事業年度の所得の金額の計算上、益金の額又は損金の額に算入しない。

3　内国法人が、適格合併、適格分割又は適格現物出資（以下第六十一条の八までにおいて「適格合併等」という。）により被合併法人、分割法人又は現物出資法人（以下第六十一条の八までにおいて「被合併法人等」という。）からヘッジ対象資産等損失額を減少させるために行つたデリバティブ取引等に係る契約の移転を受け、かつ、当該適格合併等により第一項第一号に規定する資産若しくは負債（当該デリバティブ取引等によりヘッジ対象資産等損失額を減少させようとするものに限る。）の移転を受け、又は同項第二号に規定する金銭（当該デリバティブ取引等によりヘッジ対象資産等損失額を減少させようとするものに限る。）を受け取り、若しくは支払うこととなつた場合（同項又は前項の規定の適用を受けた当該適格合併等に係る被合併法人等が当該適格合併等前にヘッジ対象資産等損失額を減少させるために行つたデリバティブ取引等の決済をしていた場合には、当該適格合併等により当該被合併法人等から第一項第一号に規定する資産若しくは負債（当該デリバティブ取引等によりヘッジ対象資産等損失額を減少させようとしていたものに限る。）の移転を受け、又は同項第二号に規定する金銭（当該デリバティブ取引等によりヘッジ対象資産等損失額を減少させようとしていたものに限る。）を受け取り、若しくは支払うこととなつた場合）において、当該被合併法人等が当該契約の移転をしたデリバティブ取引等（当該決済をしていた場合には、当該決済をしたデリバティブ取引等。以下この項において同じ。）につき第一項に規定する旨その他同項に規定する事項を同項に規定する財務省令で定めるところにより帳簿書類に記載していたときは、当該適格合併等の日の属する事業年度以後の各事業年度におけるこの条の規定の適用については、当該内国法人が当該適格合併等により移転を受けた同項第一号に規定する資産若しくは負債又は当該適格合併等により受け取り、若しくは支払うこととなつた同項第二号に規定する金銭に係るヘッジ対象資産等損失額を減少させるために当該デリバティブ取引等を行い、かつ、当該記載をしていたものとみなす。

4　前三項に規定するデリバティブ取引等とは、次に掲げる取引（第六十一条の八第二項の規定の適用を受ける場合における同項に規定する先物外国為替契約等に基づくもの及び前条第一項に規定する財務省令で定める取引を除く。）をいう。

一　前条第一項に規定するデリバティブ取引
二　第六十一条の二第十九項（有価証券の空売りをした場合の譲渡利益額又は譲渡損失額の計算）に規定する有価証券の空売り並びに同条第二十項に規定する信用取引及び発行日取引
三　第六十一条の九第二項に規定する外貨建資産等を取得し、又は発生させる取引

5　決済損益額のうち第一項に規定する有効決済損益額の翌事業年度以後の各事業年度における処理その他前各項の規定の適用に関し必要な事項は、政令で定める。

(時価ヘッジ処理による売買目的外有価証券の評価益又は評価損の計上)
第六十一条の七　内国法人がその有する売買目的外有価証券（第六十一条の三第一項第二号（売買目的有価証券の評価益又は評価損の益金又は損金算入等）に規定する売買目的外有価証券をいう。以下この条において同じ。）の価額の変動（第六十一条の九第一項第一号ロ（外貨建資産等の期末換算差益又は期末換算差損の益金又は損金算入等）に規定する期末時換算法により次条第一項に規定する円換算額（以下この項において「円換算額」という。）への換算をする第六十一条の九第一項第二号ロに掲げる有価証券の価額の外国為替の売買相場の変動に基因する変動を除く。）により生ずるおそれのある損失の額（以下この条において「ヘッジ対象有価証券損失額」という。）を減少させるためにデリバティブ取引等（前条第四項に規定するデリバティブ取引等をいう。以下この条において同じ。）を行つた場合（当該売買目的外有価証券を政令で定めるところにより評価し、又は円換算額に換算する旨その他財務省令で定める事項を財務省令で定めるところにより帳簿書類に記載した場合に限る。次項において同じ。）において、当該デリバティブ取引等を行つた時から事業年度終了の時までの間に当該売買目的外有価証券の譲渡がなく、かつ、当該デリバティブ取引等が当該ヘッジ対象有価証券損失額を減少させるために有効であると認められる場合として政令で定める場合に該当するときは、当該売買目的外有価証券の価額と帳簿価額との差額のうち当該デリバティブ取引等に係る前条第一項に規定する利益額又は損失額に対応する部分の金額として政令で定めるところにより計算した金額（次項において「ヘッジ対象有価証券評価差額」という。）は、当該事業年度の所得の金額の計算上、損金の額又は益金の額に算入する。

2　内国法人が、ヘッジ対象有価証券損失額を減少させるためにデリバティブ取引等を行つた場合において、適格分割又は適格現物出資（以下この項において「適格分割等」という。）により分割承継法人又は被現物出資法人に当該デリバティブ取引等に係る契約を移転し、かつ、当該適格分割等により売買目的外有価証券（当該デリバティブ取引等によりヘッジ対象有価証券損失額を減少させようとするものに限る。）を移転するとき（当該内国法人が当該適格分割等の前に当該デリバティブ取引等の決済をしていた場合には、当該適格分割等により売買目的外有価証券(当該デリバティブ取引等によりヘッジ対象有価証券損失額を減少させようとしていたものに限る。）を移転するとき）は、当該適格分割等の日の前日を事業年度終了の日とした場合に前項の規定により計算される当該売買目的外有価証券に係るヘッジ対象有価証券評価差額に相当する金額は、当該

適格分割等の日の属する事業年度の所得の金額の計算上、損金の額又は益金の額に算入する。

3　内国法人が、適格合併等により被合併法人等からヘッジ対象有価証券損失額を減少させるために行つたデリバティブ取引等に係る契約の移転を受け、かつ、当該適格合併等により売買目的外有価証券（当該デリバティブ取引等によりヘッジ対象有価証券損失額を減少させようとするものに限る。）の移転を受けた場合（第一項又は前項の規定の適用を受けた当該適格合併等に係る被合併法人等が当該適格合併等前にヘッジ対象有価証券損失額を減少させるために行つたデリバティブ取引等の決済をしていた場合には、当該適格合併等により当該被合併法人等から売買目的外有価証券（当該デリバティブ取引等によりヘッジ対象有価証券損失額を減少させようとしていたものに限る。）の移転を受けた場合）において、当該被合併法人等が当該契約の移転をしたデリバティブ取引等（当該決済をしていた場合には、当該決済をしたデリバティブ取引等。以下この項において同じ。）につき第一項に規定する旨その他同項に規定する事項を同項に規定する財務省令で定めるところにより帳簿書類に記載していたときは、当該適格合併等の日の属する事業年度以後の各事業年度におけるこの条の規定の適用については、当該内国法人が当該適格合併等により移転を受けた売買目的外有価証券に係るヘッジ対象有価証券損失額を減少させるために当該デリバティブ取引等を行い、かつ、当該記載をしていたものとみなす。

4　第一項に規定するヘッジ対象有価証券評価差額の翌事業年度における処理その他前三項の規定の適用に関し必要な事項は、政令で定める。

（外貨建取引の換算）
第六十一条の八　省略
　2　省略
　3　内国法人が、適格合併等により被合併法人等から外貨建取引によつて取得し、又は発生する資産又は負債の金額の円換算額を確定させるために当該被合併法人等が行つた先物外国為替契約等の移転を受け、かつ、当該適格合併等により当該外貨建取引（当該先物外国為替契約等によりその金額の円換算額を確定させようとする当該資産又は負債の取得又は発生の基因となるものに限る。）を当該内国法人が行うこととなつた場合において、当該被合併法人等が当該先物外国為替契約等につきその締結の日において前項に規定する旨を同項に規定する財務省令で定めるところにより帳簿書類に記載していたときは、当該適格合併等の日の属する事業年度以後の各事業年度におけるこの条の規定の適用については、当該内国法人が当該資産又は負債の金額の円換算額を確定させるた

めに当該先物外国為替契約等を締結し、かつ、当該記載をしていたものとみなす。
　4　省略

(外貨建資産等の期末換算差益又は期末換算差損の益金又は損金算入等)
第六十一条の九　省略
　2　内国法人が事業年度終了の時において外貨建資産等（期末時換算法によりその金額の円換算額への換算をするものに限る。以下この項において同じ。）を有する場合には、当該外貨建資産等の金額を期末時換算法により換算した金額と当該外貨建資産等のその時の帳簿価額との差額に相当する金額（次項において「為替換算差額」という。）は、当該事業年度の所得の金額の計算上、益金の額又は損金の額に算入する。
　3　内国法人が適格分割、適格現物出資又は適格現物分配（適格現物分配にあつては、残余財産の全部の分配を除く。以下この項において「適格分割等」という。）により分割承継法人、被現物出資法人又は被現物分配法人に外貨建資産等（当該適格分割等の日の前日を事業年度終了の日とした場合に期末時換算法によりその金額の円換算額への換算をすることとなるものに限る。以下この項において同じ。）を移転する場合には、当該適格分割等の日の前日を事業年度終了の日とした場合に前項の規定により計算される当該外貨建資産等に係る為替換算差額に相当する金額は、当該適格分割等の日の属する事業年度の所得の金額の計算上、益金の額又は損金の額に算入する。
　4　外国為替の売買相場が著しく変動した場合の外貨建資産等の金額の円換算額への換算、外貨建資産等の金額を円換算額に換算する方法の選定の手続、第二項に規定する為替換算差額の翌事業年度における処理その他前三項の規定の適用に関し必要な事項は、政令で定める。

(為替予約差額の配分)
第六十一条の十　省略
　2　内国法人が、適格分割又は適格現物出資（以下この項及び次項において「適格分割等」という。）により分割承継法人又は被現物出資法人（次項において「分割承継法人等」という。）に外貨建資産等（その取得又は発生の基因となつた外貨建取引の金額の円換算額への換算に当たつて第六十一条の八第二項の規定の適用を受けたものに限る。以下この項において同じ。）及び当該外貨建資産等の金額の円換算額を確定させた先物外国為替契約等を移転する場合には、当該適格分割等の日の前日を事業年度終了の日とした場合に前項の規定により計算される当該先物外国為替契約等に係る為替予約差額配分額に相当する金額は、当該適格分割等の日の属する事業年度の所得の金額の計算上、益金

の額又は損金の額に算入する。

3　外貨建資産等が短期外貨建資産等（当該外貨建資産等のうち、その決済による本邦通貨の受取又は支払の期限が当該事業年度終了の日（当該外貨建資産等が適格分割等により分割承継法人等に移転するものである場合にあつては、当該適格分割等の日の前日）の翌日から一年を経過した日の前日までに到来するものをいう。）である場合には、第一項に規定する為替予約差額は、同項の規定にかかわらず、当該事業年度の所得の金額の計算上、益金の額又は損金の額に算入することができる。

4　内国法人が、適格合併、適格分割又は適格現物出資（以下この項において「適格合併等」という。）により被合併法人、分割法人又は現物出資法人（以下この項において「被合併法人等」という。）から外貨建資産等（その取得又は発生の基因となつた外貨建取引の金額の円換算額への換算に当たつて当該被合併法人等が第六十一条の八第二項の規定の適用を受けたものに限る。）及び当該外貨建資産等の金額の円換算額を確定させた先物外国為替契約等の移転を受けた場合には、当該適格合併等の日の属する事業年度以後の各事業年度におけるこの条の規定の適用については、当該内国法人が当該外貨建資産等の取得又は発生の基因となつた外貨建取引の金額の円換算額への換算に当たつて同項の規定の適用を受けていたものとみなす。

5　省略

（連結納税の開始に伴う資産の時価評価損益）

第六十一条の十一　第四条の二（連結納税義務者）の承認を受ける同条に規定する他の内国法人（最初連結親法人事業年度（各連結事業年度の連結所得に対する法人税を課される最初の第十五条の二第一項（連結事業年度の意義）に規定する連結親法人事業年度をいう。以下この項及び次条第一項において同じ。）開始の時に第四条の二に規定する内国法人との間に当該内国法人による完全支配関係（同条に規定する政令で定める関係に限る。以下この項及び次条第一項において同じ。）を有するものに限るものとし、次に掲げるものを除く。）が連結開始直前事業年度（最初連結親法人事業年度開始の日の前日（当該他の内国法人が第四条の三第九項第一号（連結納税の承認の効力）に規定する時価評価法人である場合には、最初連結親法人事業年度終了の日）の属する事業年度をいう。）終了の時に有する時価評価資産（固定資産、土地（土地の上に存する権利を含み、固定資産に該当するものを除く。）、有価証券、金銭債権及び繰延資産で政令で定めるもの以外のものをいう。次条第一項において同じ。）の評価益（その時の価額がその時の帳簿価額を超える場合のその超える部分の金額をいう。次条第一項において同じ。）又は評価損（その時の帳簿価額がその時の価額を超える場合のその超える部分の金額をいう。

次条第一項において同じ。）は、当該連結開始直前事業年度の所得の金額の計算上、益金の額又は損金の額に算入する。
　一　当該内国法人が最初連結親法人事業年度開始の日の五年前の日から当該開始の日までの間に株式移転により設立された法人であり、かつ、当該株式移転の日から当該開始の日まで継続して当該内国法人と当該株式移転に係る株式移転完全子法人であつた法人との間に当該内国法人による完全支配関係がある場合の当該法人
　二　最初連結親法人事業年度開始の日の五年前の日から当該開始の日まで継続して当該内国法人と法人との間に当該内国法人による完全支配関係がある場合の当該法人
　三　当該内国法人又は当該内国法人との間に当該内国法人による完全支配関係がある法人（次号及び第六号において「完全子法人」という。）が最初連結親法人事業年度開始の日の五年前の日から当該開始の日までの間に当該内国法人との間に完全支配関係がある他の法人を設立し、かつ、その設立の日から当該開始の日まで継続して当該内国法人と当該他の法人との間に当該内国法人による完全支配関係がある場合の当該他の法人
　四　当該内国法人又は完全子法人を株式交換完全親法人とする適格株式交換が最初連結親法人事業年度開始の日の五年前の日から当該開始の日までの間に行われ、かつ、当該適格株式交換の日から当該開始の日まで継続して当該内国法人と当該適格株式交換に係る株式交換完全子法人であつた法人との間に当該内国法人による完全支配関係がある場合の当該法人
　五　当該内国法人が最初連結親法人事業年度開始の日の五年前の日から当該開始の日までの間に適格合併、適格株式交換又は適格株式移転（以下この号において「適格合併等」という。）により法人（当該五年前の日（当該法人が当該五年前の日から当該適格合併の日の前日、当該適格株式交換の日又は当該適格株式移転の日までの間に設立された法人である場合には、その設立の日）から当該適格合併の日の前日、当該適格株式交換の日又は当該適格株式移転の日まで継続して当該適格合併等に係る被合併法人、株式交換完全子法人又は株式移転完全子法人（以下この号において「被合併法人等」という。）との間に当該被合併法人等による完全支配関係があつた法人に限る。）との間に当該内国法人による完全支配関係を有することとなり、かつ、当該適格合併等の日から当該開始の日まで継続して当該内国法人と当該法人との間に当該内国法人による完全支配関係がある場合の当該法人
　六　最初連結親法人事業年度開始の日の五年前の日から当該開始の日までの間に法人の株主の有する当該法人の会社法第百八十九条第一項（単元未満株式についての権利の制限等）に規定する単元未満株式の当該法人若しくは当該内国法人若しくは完全子法

人による買取りその他これに類する買取り又は法人の株主等が法令の規定によりその有する当該法人の株式（出資を含む。以下この号において同じ。）の保有を制限されたことに伴う当該株式の当該法人若しくは当該内国法人若しくは完全子法人による買取りにより当該内国法人が法人（これらの買取りに係る株式が発行されていなかつたとするならば当該五年前の日（当該法人が当該五年前の日からこれらの買取りの日までの間に設立された法人である場合には、その設立の日）からこれらの買取りの日まで継続して当該内国法人との間に当該内国法人による完全支配関係があつた法人に限る。）との間に当該内国法人による完全支配関係を有することとなり、かつ、その有することとなつた日から当該開始の日まで継続して当該内国法人と当該法人との間に当該完全支配関係がある場合の当該法人

2　前項の規定により同項に規定する評価益又は評価損を益金の額又は損金の額に算入された資産の帳簿価額その他同項の規定の適用に関し必要な事項は、政令で定める。

（連結納税への加入に伴う資産の時価評価損益）

第六十一条の十二　第四条の三第十項又は第十一項（連結納税のみなし承認）の規定の適用を受けるこれらの規定に規定する他の内国法人（次に掲げるものを除く。）が連結加入直前事業年度（連結親法人との間に当該連結親法人による完全支配関係を有することとなつた日の前日（当該他の内国法人が同項第一号に規定する時価評価法人である場合には、最初連結親法人事業年度終了の日）の属する事業年度をいう。）終了の時に有する時価評価資産の評価益又は評価損は、当該連結加入直前事業年度の所得の金額の計算上、益金の額又は損金の額に算入する。

一　当該連結親法人又は連結子法人が当該連結親法人又は連結子法人による完全支配関係がある法人を設立した場合の当該法人

二　当該連結親法人又は連結子法人が適格株式交換により法人の発行済株式の全部を有することとなつた場合の当該法人

三　当該連結親法人が適格合併又は適格株式交換（以下この号において「適格合併等」という。）により法人（当該適格合併等の日の五年前の日（当該法人が当該五年前の日から当該適格合併等の日の前日までの間に設立された法人である場合には、その設立の日）から当該適格合併等の日の前日まで継続して当該適格合併等に係る被合併法人又は株式交換完全子法人（以下この号において「被合併法人等」という。）との間に当該被合併法人等による完全支配関係があつた法人に限る。）との間に当該連結親法人による完全支配関係を有することとなつた場合の当該法人

四　法人の株主の有する当該法人の会社法第百八十九条第一項（単元未満株式について

の権利の制限等）に規定する単元未満株式の当該法人若しくは当該連結親法人若しくは連結子法人による買取りその他これに類する買取り又は法人の株主等が法令の規定によりその有する当該法人の株式（出資を含む。以下この号において同じ。）の保有を制限されたことに伴う当該株式の当該法人若しくは当該連結親法人若しくは連結子法人による買取りにより当該連結親法人が法人（これらの買取りに係る株式が発行されていなかつたとするならばこれらの買取りの日の五年前の日（当該法人が当該五年前の日からこれらの買取りの日までの間に設立された法人である場合には、その設立の日）からこれらの買取りの日まで継続して当該連結親法人との間に当該連結親法人による完全支配関係があつた法人に限る。）との間に当該連結親法人による完全支配関係を有することとなつた場合の当該法人

2　前項の規定により同項に規定する評価益又は評価損を益金の額又は損金の額に算入された資産の帳簿価額その他同項の規定の適用に関し必要な事項は、政令で定める。

第六目　完全支配関係がある法人の間の取引の損益

第六十一条の十三　内国法人（普通法人又は協同組合等に限る。）がその有する譲渡損益調整資産（固定資産、土地（土地の上に存する権利を含み、固定資産に該当するものを除く。）、有価証券、金銭債権及び繰延資産で政令で定めるもの以外のものをいう。以下この条において同じ。）を他の内国法人（当該内国法人との間に完全支配関係がある普通法人又は協同組合等に限る。）に譲渡した場合には、当該譲渡損益調整資産に係る譲渡利益額（その譲渡に係る対価の額が原価の額を超える場合におけるその超える部分の金額をいう。以下この条において同じ。）又は譲渡損失額（その譲渡に係る原価の額が対価の額を超える場合におけるその超える部分の金額をいう。以下この条において同じ。）に相当する金額は、その譲渡した事業年度（その譲渡が適格合併に該当しない合併による合併法人への移転である場合には、次条第二項に規定する最後事業年度）の所得の金額の計算上、損金の額又は益金の額に算入する。

2　内国法人が譲渡損益調整資産に係る譲渡利益額又は譲渡損失額につき前項の規定の適用を受けた場合において、その譲渡を受けた法人（以下この条において「譲受法人」という。）において当該譲渡損益調整資産の譲渡、償却、評価換え、貸倒れ、除却その他の政令で定める事由が生じたときは、当該譲渡損益調整資産に係る譲渡利益額又は譲渡損失額に相当する金額は、政令で定めるところにより、当該内国法人の各事業年度（当該譲渡利益額又は譲渡損失額につき次項又は第四項の規定の適用を受ける事業年度以後の事業年度を除く。）の所得の金額の計算上、益金の額又は損金の額に算入する。

3　内国法人が譲渡損益調整資産に係る譲渡利益額又は譲渡損失額につき第一項の規定

の適用を受けた場合（当該譲渡損益調整資産の適格合併に該当しない合併による合併法人への移転により同項の規定の適用を受けた場合を除く。）において、当該内国法人が当該譲渡損益調整資産に係る譲受法人との間に完全支配関係を有しないこととなつたとき（次に掲げる事由に基因して完全支配関係を有しないこととなつた場合を除く。）は、当該譲渡損益調整資産に係る譲渡利益額又は譲渡損失額に相当する金額（その有しないこととなつた日の前日の属する事業年度前の各事業年度の所得の金額又は各連結事業年度の連結所得の金額の計算上益金の額又は損金の額に算入された金額を除く。）は、当該内国法人の当該前日の属する事業年度の所得の金額の計算上、益金の額又は損金の額に算入する。

一　当該内国法人の適格合併（合併法人（法人を設立する適格合併にあつては、他の被合併法人のすべて。次号において同じ。）が当該内国法人との間に完全支配関係がある内国法人であるものに限る。）による解散

二　当該譲受法人の適格合併（合併法人が当該譲受法人との間に完全支配関係がある内国法人であるものに限る。）による解散

4　第六十一条の十一第一項（連結納税の開始に伴う資産の時価評価損益）に規定する他の内国法人又は前条第一項に規定する他の内国法人が第六十一条の十一第一項に規定する連結開始直前事業年度（以下この項において「連結開始直前事業年度」という。）又は前条第一項に規定する連結加入直前事業年度（以下この項において「連結加入直前事業年度」という。）以前の各事業年度において譲渡損益調整資産に係る譲渡利益額又は譲渡損失額につき第一項の規定の適用を受けた法人である場合には、当該譲渡損益調整資産に係る譲渡利益額又は譲渡損失額に相当する金額（当該連結開始直前事業年度又は当該連結加入直前事業年度前の各事業年度の所得の金額又は各連結事業年度の連結所得の金額の計算上益金の額又は損金の額に算入された金額を除く。以下この項において「譲渡損益調整額」という。）は、譲渡損益調整資産のうち譲渡損益調整額が少額であるものその他の政令で定めるものに係る譲渡損益調整額を除き、当該連結開始直前事業年度又は連結加入直前事業年度の所得の金額の計算上、益金の額又は損金の額に算入する。

5　内国法人が譲渡損益調整資産に係る譲渡利益額又は譲渡損失額につき第一項の規定の適用を受けた場合において、当該内国法人が適格合併（合併法人（法人を設立する適格合併にあつては、他の被合併法人のすべて）が当該内国法人との間に完全支配関係がある内国法人であるものに限る。）により解散したときは、当該適格合併に係る合併法人の当該適格合併の日の属する事業年度以後の各事業年度においては、当該合併法人を当該譲渡利益額又は譲渡損失額につき同項の規定の適用を受けた法人とみなして、この条の規定を適用する。

6　内国法人が譲渡損益調整資産に係る譲渡利益額又は譲渡損失額につき第一項の規定の適用を受けた場合において、当該譲渡損益調整資産に係る譲受法人が適格合併、適格分割、適格現物出資又は適格現物分配（合併法人、分割承継法人、被現物出資法人又は被現物分配法人（法人を設立する適格合併、適格分割又は適格現物出資にあつては、他の被合併法人、他の分割法人又は他の現物出資法人のすべて）が当該譲受法人との間に完全支配関係がある内国法人であるものに限る。）により合併法人、分割承継法人、被現物出資法人又は被現物分配法人（以下この項において「合併法人等」という。）に当該譲渡損益調整資産を移転したときは、その移転した日以後に終了する当該内国法人の各事業年度においては、当該合併法人等を当該譲渡損益調整資産に係る譲受法人とみなして、この条の規定を適用する。

7　適格合併に該当しない合併に係る被合併法人が当該合併による譲渡損益調整資産の移転につき第一項の規定の適用を受けた場合には、当該譲渡損益調整資産に係る譲渡利益額に相当する金額は当該合併に係る合併法人の当該譲渡損益調整資産の取得価額に算入しないものとし、当該譲渡損益調整資産に係る譲渡損失額に相当する金額は当該合併法人の当該譲渡損益調整資産の取得価額に算入するものとする。

8　前各項の規定の適用に関し必要な事項は、政令で定める。

（適格合併及び適格分割型分割による資産等の帳簿価額による引継ぎ）
第六十二条の二　内国法人が適格合併により合併法人にその有する資産及び負債の移転をしたときは、前条第一項及び第二項の規定にかかわらず、当該合併法人に当該移転をした資産及び負債の当該適格合併に係る最後事業年度終了の時の帳簿価額として政令で定める金額による引継ぎをしたものとして、当該内国法人の各事業年度の所得の金額を計算する。

2　内国法人が適格分割型分割により分割承継法人にその有する資産及び負債の移転をしたときは、前条第一項の規定にかかわらず、当該分割承継法人に当該移転をした資産及び負債の当該適格分割型分割の直前の帳簿価額として政令で定める金額による引継ぎをしたものとして、当該内国法人の各事業年度の所得の金額を計算する。

3　前項の場合においては、同項の内国法人が同項の分割承継法人から交付を受けた当該分割承継法人の株式又は第二条第十二号の十一（定義）に規定する分割承継親法人株式の当該交付の時の価額は、同項の適格分割型分割により移転をした資産及び負債の帳簿価額を基礎として政令で定める金額とする。

4　省略

(現物分配による資産の譲渡)
第六十二条の五　内国法人が残余財産の全部の分配又は引渡し（適格現物分配を除く。次項において同じ。）により被現物分配法人その他の者にその有する資産の移転をするときは、当該被現物分配法人その他の者に当該移転をする資産の当該残余財産の確定の時の価額による譲渡をしたものとして、当該内国法人の各事業年度の所得の金額を計算する。
2　残余財産の全部の分配又は引渡しにより被現物分配法人その他の者に移転をする資産の当該移転による譲渡に係る譲渡利益額（当該譲渡に係る対価の額が原価の額を超える場合におけるその超える部分の金額をいう。）又は譲渡損失額（当該譲渡に係る原価の額が対価の額を超える場合におけるその超える部分の金額をいう。）は、その残余財産の確定の日の属する事業年度の所得の金額の計算上、益金の額又は損金の額に算入する。
3　内国法人が適格現物分配により被現物分配法人にその有する資産の移転をしたときは、当該被現物分配法人に当該移転をした資産の当該適格現物分配の直前の帳簿価額（当該適格現物分配が残余財産の全部の分配である場合には、その残余財産の確定の時の帳簿価額）による譲渡をしたものとして、当該内国法人の各事業年度の所得の金額を計算する。
4　内国法人が適格現物分配により資産の移転を受けたことにより生ずる収益の額は、その内国法人の各事業年度の所得の金額の計算上、益金の額に算入しない。
5　内国法人の残余財産の確定の日の属する事業年度に係る地方税法の規定による事業税の額は、当該内国法人の当該事業年度の所得の金額の計算上、損金の額に算入する。
6　被現物分配法人の資産の取得価額その他前各項の規定の適用に関し必要な事項は、政令で定める。

(特定資産に係る譲渡等損失額の損金不算入)
第六十二条の七　内国法人と支配関係法人（当該内国法人との間に支配関係がある法人をいう。）との間で当該内国法人を合併法人、分割承継法人、被現物出資法人又は被現物分配法人とする特定適格組織再編成等（適格合併若しくは適格合併に該当しない合併で第六十一条の十三第一項（完全支配関係がある法人の間の取引の損益）の規定の適用があるもの、適格分割、適格現物出資又は適格現物分配のうち、第五十七条第四項（青色申告書を提出した事業年度の欠損金の繰越し）に規定する共同で事業を営むための適格組織再編成等として政令で定めるものに該当しないものをいう。以下この条において同じ。）が行われた場合（当該内国法人の当該特定適格組織再編成等の日（当該特定適格組織再編成等が残余財産の全部の分配である場合には、その残余財産の確定の日の翌日）

の属する事業年度（以下この項において「特定組織再編成事業年度」という。）開始の日の五年前の日、当該内国法人の設立の日又は当該支配関係法人の設立の日のうち最も遅い日から継続して当該内国法人と当該支配関係法人との間に支配関係がある場合として政令で定める場合を除く。）には、当該内国法人の適用期間（当該特定組織再編成事業年度開始の日から同日以後三年を経過する日（その経過する日が当該内国法人と当該支配関係法人との間に最後に支配関係があることとなつた日以後五年を経過する日後となる場合にあつては、その五年を経過する日）までの期間（当該期間に終了する各事業年度において第六十一条の十一第一項（連結納税の開始に伴う資産の時価評価損益）若しくは第六十一条の十二第一項（連結納税への加入に伴う資産の時価評価損益）又は第六十二条の九第一項（非適格株式交換等に係る株式交換完全子法人等の有する資産の時価評価損益）の規定の適用を受ける場合には、当該特定組織再編成事業年度開始の日から第六十一条の十一第二項に規定する連結開始直前事業年度若しくは第六十一条の十二第一項に規定する連結加入直前事業年度又は第六十二条の九第一項の規定の適用を受ける事業年度終了の日までの期間）をいう。）において生ずる特定資産譲渡等損失額は、当該内国法人の各事業年度の所得の金額の計算上、損金の額に算入しない。

2　前項に規定する特定資産譲渡等損失額とは、次に掲げる金額の合計額をいう。

一　前項の内国法人が同項の支配関係法人から特定適格組織再編成等により移転を受けた資産で当該支配関係法人が当該内国法人との間に最後に支配関係があることとなつた日（次号において「支配関係発生日」という。）前から有していたもの（政令で定めるものを除く。以下この号において「特定引継資産」という。）の譲渡、評価換え、貸倒れ、除却その他これらに類する事由による損失の額の合計額から特定引継資産の譲渡又は評価換えによる利益の額の合計額を控除した金額

二　前項の内国法人が支配関係発生日前から有していた資産（政令で定めるものを除く。以下この号において「特定保有資産」という。）の譲渡、評価換え、貸倒れ、除却その他これらに類する事由による損失の額の合計額から特定保有資産の譲渡又は評価換えによる利益の額の合計額を控除した金額

3　前二項の規定は、支配関係がある被合併法人等（被合併法人、分割法人及び現物出資法人をいう。以下この項において同じ。）と他の被合併法人等との間で法人を設立する特定適格組織再編成等が行われた場合（当該特定適格組織再編成等の日の五年前の日、当該被合併法人等の設立の日又は当該他の被合併法人等の設立の日のうち最も遅い日から継続して当該被合併法人等と当該他の被合併法人等との間に支配関係がある場合として政令で定める場合を除く。）について準用する。この場合において、第一項中「当該内国法人の適用期間」とあるのは「当該特定適格組織再編成等により設立された内国法

人の適用期間」と、「が当該内国法人と当該支配関係法人」とあるのは「が第三項に規定する被合併法人等と他の被合併法人等」と、前項第一号中「同項の支配関係法人から特定適格組織再編成等」とあるのは「特定適格組織再編成等に係る次項に規定する被合併法人等（次号に規定する他の被合併法人等を除く。）から当該特定適格組織再編成等」と、「当該支配関係法人が当該内国法人」とあるのは「当該被合併法人等が当該他の被合併法人等」と、同項第二号中「支配関係発生日前から有していた資産」とあるのは「特定適格組織再編成等に係る次項に規定する他の被合併法人等から当該特定適格組織再編成等により移転を受けた資産で当該他の被合併法人等が当該支配関係発生日前から有していたもの」と読み替えるものとする。

4　第一項に規定する支配関係法人又は前項に規定する被合併法人等が特定適格組織再編成等の直前において第六十条の三第一項（特定株主等によって支配された欠損等法人の資産の譲渡等損失額の損金不算入）に規定する欠損等法人（次項及び第六項において「欠損等法人」という。）であり、かつ、当該特定組織再編成等が同条第一項に規定する適用期間内に行われるものであるときは、第一項の内国法人が当該支配関係法人又は当該被合併法人等から当該特定適格組織再編成等により移転を受けた資産については、当該特定適格組織再編成等に係る同項（前項において準用する場合を含む。第六項において同じ。）の規定は、適用しない。

5　第一項の内国法人が欠損等法人であり、かつ、特定適格組織再編成等が第六十条の三第一項に規定する適用期間内に行われるものであるときは、当該内国法人が有する資産については、当該特定適格組織再編成等に係る第一項の規定は、適用しない。

6　第一項の内国法人が特定適格組織再編成等後に欠損等法人となり、かつ、第六十条の三第一項に規定する適用期間が開始したときは、第一項に規定する適用期間は、同条第一項に規定する適用期間開始の日の前日に終了するものとする。

7　第二項第一号に規定する損失の額の計算その他前各項の規定の適用に関し必要な事項は、政令で定める。

（非適格合併等により移転を受ける資産等に係る調整勘定の損金算入等）
第六十二条の八　内国法人が非適格合併等（適格合併に該当しない合併又は適格分割に該当しない分割、適格現物出資に該当しない現物出資若しくは事業の譲受けのうち、政令で定めるものをいう。以下この条において同じ。）により当該非適格合併等に係る被合併法人、分割法人、現物出資法人その他政令で定める法人（以下この条において「被合併法人等」という。）から資産又は負債の移転を受けた場合において、当該内国法人が当該非適格合併等により交付した金銭の額及び金銭以外の資産（適格合併に該当しない合

併にあつては、第六十二条第一項（合併及び分割による資産等の時価による譲渡）に規定する新株等）の価額の合計額（当該非適格合併等において当該被合併法人等から支出を受けた第三十七条第七項（寄附金の損金不算入）に規定する寄附金の額に相当する金額を含み、当該被合併法人等に対して支出をした同項に規定する寄附金の額に相当する金額を除く。第三項において「非適格合併等対価額」という。）が当該移転を受けた資産及び負債の時価純資産価額（当該資産（営業権にあつては、政令で定めるものに限る。以下この項において同じ。）の取得価額（第六十一条の十三第七項（完全支配関係がある法人の間の取引の損益）の規定の適用がある場合には、同項の規定の適用がないものとした場合の取得価額。以下この項において同じ。）の合計額から当該負債の額（次項に規定する負債調整勘定の金額を含む。以下この項において同じ。）の合計額を控除した金額をいう。第三項において同じ。）を超えるときは、その超える部分の金額（当該資産の取得価額の合計額が当該負債の額の合計額に満たない場合には、その満たない部分の金額を加算した金額）のうち政令で定める部分の金額は、資産調整勘定の金額とする。

2・3 省略

4 第一項の資産調整勘定の金額を有する内国法人は、各資産調整勘定の金額に係る当初計上額（非適格合併等の時に同項の規定により当該資産調整勘定の金額とするものとされた金額をいう。）を六十で除して計算した金額に当該事業年度の月数を乗じて計算した金額（当該内国法人が自己を被合併法人とする合併（適格合併を除く。）を行う場合又は当該内国法人の残余財産が確定した場合にあつては、当該合併の日の前日又は当該残余財産の確定の日の属する事業年度終了の時の金額）に相当する金額を、当該事業年度（当該内国法人が当該合併を行う場合又は当該内国法人の残余財産が確定した場合にあつては、当該合併の日の前日又は当該残余財産の確定の日の属する事業年度）において減額しなければならない。

5 省略

6 第二項に規定する負債調整勘定の金額を有する内国法人は、次の各号に掲げる場合に該当する場合には、当該負債調整勘定の金額につき、その該当することとなつた日の属する事業年度（その該当することとなつた日が自己を被合併法人とする合併の日である場合には、当該合併の日の前日の属する事業年度）において当該各号に掲げる場合の区分に応じ当該各号に定める金額を減額しなければならない。

一 退職給与引受従業者（退職給与債務引受けの対象とされた第二項第一号に規定する従業者をいう。以下この号及び第九項において同じ。）が退職その他の事由により当該内国法人の従業者でなくなつた場合（当該退職給与引受従業者が、第九項第一号イ

又は第二号イに規定する場合に該当する場合を除く。）又は退職給与引受従業者に対して退職給与を支給する場合　退職給与債務引受額に係る負債調整勘定の金額（第九項及び第十項において「退職給与負債調整勘定の金額」という。）のうちこれらの退職給与引受従業者に係る部分の金額として政令で定める金額

二　短期重要債務見込額に係る損失が生じ、若しくは非適格合併等の日から三年が経過した場合又は自己を被合併法人とする合併（適格合併を除く。）を行う場合若しくはその残余財産が確定した場合　当該短期重要債務見込額に係る負債調整勘定の金額（以下この条において「短期重要負債調整勘定の金額」という。）のうち当該損失の額に相当する金額（当該三年が経過した場合又は当該合併を行う場合若しくは当該残余財産が確定した場合にあつては、当該短期重要負債調整勘定の金額）

7　第三項の負債調整勘定の金額（以下この条において「差額負債調整勘定の金額」という。）を有する内国法人は、各差額負債調整勘定の金額に係る当初計上額（非適格合併等の時に同項の規定により当該差額負債調整勘定の金額とするものとされた金額をいう。）を六十で除して計算した金額に当該事業年度の月数を乗じて計算した金額（当該内国法人が自己を被合併法人とする合併（適格合併を除く。）を行う場合又は当該内国法人の残余財産が確定した場合にあつては、当該合併の日の前日又は当該残余財産の確定の日の属する事業年度終了の時の金額）に相当する金額を、当該事業年度（当該内国法人が当該合併を行う場合又は当該内国法人の残余財産が確定した場合にあつては、当該合併の日の前日又は当該残余財産の確定の日の属する事業年度）において減額しなければならない。

8　省略

9　内国法人が自己を被合併法人、分割法人又は現物出資法人とする適格合併、適格分割又は適格現物出資（以下この条において「適格合併等」という。）を行つた場合には、次の各号に掲げる適格合併等の区分に応じ、当該各号に定める資産調整勘定の金額及び負債調整勘定の金額は、当該適格合併等に係る合併法人、分割承継法人又は被現物出資法人（次項及び第十二項において「合併法人等」という。）に引き継ぐものとする。

一　省略

二　適格分割又は適格現物出資（以下この号において「適格分割等」という。）　当該適格分割等の直前における次に掲げる負債調整勘定の金額

イ　退職給与負債調整勘定の金額のうち、当該内国法人が当該適格分割等を行つたことに伴いその退職給与引受従業者が当該適格分割等に係る分割承継法人又は被現物出資法人（イにおいて「分割承継法人等」という。）の業務に従事することとなつた場合（当該分割承継法人等において退職給与債務引受けがされた場合に限る。）の当該退職給

与引受従業者に係る部分の金額として政令で定める金額
　ロ　当該適格分割等により移転する事業又は資産若しくは負債と密接な関連を有する短期重要負債調整勘定の金額として政令で定めるもの
10　前項の規定により合併法人等が引継ぎを受けた資産調整勘定の金額並びに退職給与負債調整勘定の金額、短期重要負債調整勘定の金額及び差額負債調整勘定の金額は、それぞれ当該合併法人等が同項の適格合併等の時において有する資産調整勘定の金額並びに退職給与負債調整勘定の金額、短期重要負債調整勘定の金額及び差額負債調整勘定の金額とみなす。
11　省略
12　前項に定めるもののほか、第十項の合併法人等が適格合併等により引継ぎを受けた資産調整勘定の金額につき第四項の規定により減額すべき金額の計算その他第一項から第十項までの規定の適用に関し必要な事項は、政令で定める。

（非適格株式交換等に係る株式交換完全子法人等の有する資産の時価評価損益）
第六十二条の九　内国法人が自己を株式交換完全子法人又は株式移転完全子法人とする株式交換又は株式移転（適格株式交換及び適格株式移転並びに当該株式交換又は株式移転の直前に当該内国法人と当該株式交換に係る株式交換完全親法人又は当該株式移転に係る他の株式移転完全子法人との間に完全支配関係があった場合における当該株式交換及び株式移転を除く。以下この項において「非適格株式交換等」という。）を行つた場合には、当該内国法人が当該非適格株式交換等の直前の時において有する時価評価資産（固定資産、土地（土地の上に存する権利を含み、固定資産に該当するものを除く。）、有価証券、金銭債権及び繰延資産で政令で定めるもの以外のものをいう。）の評価益（当該非適格株式交換等の直前の時の価額がその時の帳簿価額を超える場合のその超える部分の金額をいう。）又は評価損（当該非適格株式交換等の直前の時の帳簿価額がその時の価額を超える場合のその超える部分の金額をいう。）は、当該非適格株式交換等の日の属する事業年度の所得の金額の計算上、益金の額又は損金の額に算入する。
2　前項の規定の適用に関し必要な事項は、政令で定める。

（各事業年度の所得に対する法人税の税率）
第六十六条　省略
2　前項の場合において、普通法人のうち各事業年度終了の時において資本金の額若しくは出資金の額が一億円以下であるもの若しくは資本若しくは出資を有しないもの、一般社団法人等又は人格のない社団等の各事業年度の所得の金額のうち年八百万円以下の

金額については、同項の規定にかかわらず、百分の二十二の税率による。
3 ～ 5 省略
6 内国法人である普通法人のうち各事業年度終了の時において次に掲げる法人に該当するものについては、第二項の規定は、適用しない。
一 保険業法に規定する相互会社（次号ロにおいて「相互会社」という。）
二 次に掲げる法人との間に当該法人による完全支配関係がある普通法人
イ 資本金の額又は出資金の額が五億円以上である法人
ロ 相互会社（これに準ずるものとして政令で定めるものを含む。）
ハ 第四条の七（受託法人等に関するこの法律の適用）に規定する受託法人（次号において「受託法人」という。）
三 受託法人

（特定同族会社の特別税率）
第六十七条 内国法人である特定同族会社（被支配会社で、被支配会社であることについての判定の基礎となつた株主等のうちに被支配会社でない法人がある場合には、当該法人をその判定の基礎となる株主等から除外して判定するものとした場合においても被支配会社となるもの（資本金の額又は出資金の額が一億円以下であるものにあつては、前条第六項第二号に掲げるものに限る。）をいい、清算中のものを除く。以下この条において同じ。）の各事業年度の留保金額が留保控除額を超える場合には、その特定同族会社に対して課する各事業年度の所得に対する法人税の額は、前条第一項又は第二項の規定にかかわらず、これらの規定により計算した法人税の額に、その超える部分の留保金額を次の各号に掲げる金額に区分してそれぞれの金額に当該各号に定める割合を乗じて計算した金額の合計額を加算した金額とする。
一 年三千万円以下の金額 百分の十
二 年三千万円を超え、年一億円以下の金額 百分の十五
三 年一億円を超える金額 百分の二十
2 省略
3 第一項に規定する留保金額とは、次に掲げる金額の合計額（第五項において「所得等の金額」という。）のうち留保した金額から、当該事業年度の所得の金額につき前条第一項又は第二項の規定により計算した法人税の額（次条から第七十条の二まで（税額控除）の規定により控除する金額がある場合には、当該金額を控除した金額）並びに当該法人税の額に係る地方税法の規定による道府県民税及び市町村民税（都民税を含む。）の額として政令で定めるところにより計算した金額の合計額を控除した金額をいう。

一　当該事業年度の所得の金額（第六十二条第二項（合併及び分割による資産等の時価による譲渡）に規定する最後事業年度にあつては、同項に規定する資産及び負債の同項に規定する譲渡がないものとして計算した場合における所得の金額）
　二・三　省略
　四　第二十五条の二第一項（受贈益の益金不算入）の規定により当該事業年度の所得の金額の計算上益金の額に算入されなかつた金額
　五　第二十五条第一項（還付金等の益金不算入）に規定する還付を受け又は充当される金額（同項第一号に掲げる金額にあつては、第三十八条第一項（法人税額等の損金不算入）の規定により当該事業年度の所得の金額の計算上損金の額に算入されない法人税の額並びに当該法人税の額に係る地方税法の規定による道府県民税及び市町村民税（都民税及びこれらの税に係る均等割を含む。）の額に係る部分の金額を除く。）、第二十六条第二項に規定する減額された金額、同条第三項に規定する減額された部分として政令で定める金額、その受け取る附帯税（利子税を除く。以下この号において同じ。）の負担額及び附帯税の負担額の減少額並びに同条第六項に規定する還付を受ける金額
　六　省略
　4　～　9　省略

（確定申告）
第七十四条　内国法人は、各事業年度終了の日の翌日から二月以内に、税務署長に対し、確定した決算に基づき次に掲げる事項を記載した申告書を提出しなければならない。
　一　～　六　省略
　2　清算中の内国法人につきその残余財産が確定した場合には、当該内国法人の当該残余財産の確定の日の属する事業年度に係る前項の規定の適用については、同項中「二月以内」とあるのは、「一月以内（当該翌日から一月以内に残余財産の最後の分配又は引渡しが行われる場合には、その行われる日の前日まで）」とする。
　3　第一項の規定による申告書には、当該事業年度の貸借対照表、損益計算書その他の財務省令で定める書類を添付しなければならない。

（欠損金の繰戻しによる還付）
第八十条　内国法人の青色申告書である確定申告書を提出する事業年度において生じた欠損金額がある場合（第四項の規定に該当する場合を除く。）には、その内国法人は、当該申告書の提出と同時に、納税地の所轄税務署長に対し、当該欠損金額に係る事業年度（以

下この条において「欠損事業年度」という。）開始の日前一年以内に開始したいずれかの事業年度（欠損事業年度が次の各号に掲げる事業年度に該当する場合には、当該各号に定める事業年度を除く。）の所得に対する法人税の額（附帯税の額を除くものとし、第六十八条から第七十条の二まで（税額控除）の規定により控除された金額がある場合には、当該金額を加算した金額とする。以下この条において同じ。）に、当該いずれかの事業年度（以下この条において「還付所得事業年度」という。）の所得の金額のうちに占める欠損事業年度の欠損金額（この条の規定により他の還付所得事業年度の所得に対する法人税の額につき還付を受ける金額の計算の基礎とするものを除く。第四項において同じ。）に相当する金額の割合を乗じて計算した金額に相当する法人税の還付を請求することができる。

一 連結事業年度後の事業年度　当該連結事業年度前の各事業年度
二 内国法人（連結子法人に限る。）の第五十七条第八項第一号（青色申告書を提出した事業年度の欠損金の繰越し）に規定する最初連結期間（以下この号において「最初連結期間」という。）内に当該内国法人を被合併法人とする合併（当該内国法人との間に連結完全支配関係がある他の連結法人を合併法人とするものに限る。）が行われた場合（当該合併の日が当該最初連結期間の開始の日である場合を除く。）又は当該内国法人の最初連結期間内に当該内国法人の残余財産が確定した場合（当該残余財産の確定の日が当該最初連結期間の終了の日である場合を除く。）の当該合併の日の前日又は当該残余財産の確定の日の属する事業年度　当該事業年度前の各事業年度

2 〜 3 省略

4 　第一項及び第二項の規定は、内国法人につき解散（適格合併による解散を除く。）、事業の全部の譲渡、更生手続の開始その他これらに準ずる事実で政令で定めるものが生じた場合（当該事実が当該内国法人の連結事業年度において生じた場合を除く。）において、当該事実が生じた日前一年以内に終了したいずれかの事業年度又は同日の属する事業年度において生じた欠損金額（第五十七条の規定により各事業年度の所得の金額の計算上損金の額に算入されたものを除く。）があるときについて準用する。この場合において、第一項中「当該申告書の提出と同時に」とあるのは「当該事実が生じた日以後一年以内に」と、「請求することができる。」とあるのは「請求することができる。ただし、還付所得事業年度から欠損事業年度までの各事業年度について連続して青色申告書である確定申告書を提出している場合に限る。」と読み替えるものとする。

5 〜 7 省略

（個別益金額又は個別損金額の益金又は損金算入）

第八十一条の三　連結法人の連結事業年度の期間を第二十二条第一項（各事業年度の所得の金額の計算）の事業年度として前章第一節第二款から第十一款まで（各事業年度の所得の金額の計算）の規定により当該事業年度の所得の金額を計算するものとした場合に益金の額となる金額（第二十三条（受取配当等の益金不算入）及び第二十六条第三項（還付金等の益金不算入）の規定その他政令で定める規定を適用しないで計算した場合に益金の額となる金額に限る。以下この章において「個別益金額」という。）又は損金の額となる金額（第三十七条（寄附金の損金不算入）、第四十条（法人税額から控除する所得税額の損金不算入）、第四十一条（法人税額から控除する外国税額の損金不算入）及び第五十七条から第五十八条まで（青色申告書を提出した事業年度の欠損金の繰越し等）の規定その他政令で定める規定を適用しないで計算した場合に損金の額となる金額に限る。以下この章において「個別損金額」という。）は、別段の定めがあるものを除き、当該連結事業年度の連結所得の金額の計算上、益金の額又は損金の額に算入する。
　2　前項の規定の適用に関し必要な事項は、政令で定める。

（連結事業年度における受取配当等の益金不算入）
第八十一条の四　連結法人が第二十三条第一項（受取配当等の益金不算入）に規定する配当等の額（以下この条において「配当等の額」という。）を受けるときは、その配当等の額（完全子法人株式等及び関係法人株式等のいずれにも該当しない株式等（株式、出資又は受益権をいう。次項及び第四項において同じ。）に係る配当等の額にあつては、当該配当等の額の百分の五十に相当する金額）は、その連結法人の各連結事業年度の連結所得の金額の計算上、益金の額に算入しない。
　2　省略
　3　第一項の規定は、連結法人がその受ける配当等の額（その連結法人の個別益金額を計算する場合に、第二十四条第一項（第四号に係る部分に限る。）の規定により、その連結法人が受ける配当等の額とみなされる金額に限る。以下この項において同じ。）の元本である株式又は出資で、その配当等の額の生ずる基因となる同号に掲げる事由が生ずることが予定されているものの取得（適格合併又は適格分割型分割による引継ぎを含む。）をした場合におけるその取得をした株式又は出資に係る配当等の額（その予定されていた事由（その連結法人の個別益金額又は個別損金額を計算する場合に、第六十一条の二第十六項（有価証券の譲渡益又は譲渡損の益金又は損金算入）の規定の適用があるものを除く。）に基因するものとして政令で定めるものに限る。）については、適用しない。
　4　第一項の場合において、同項の連結法人が当該連結事業年度において支払う負債の

利子（第二十三条第四項に規定する政令で定めるものを含むものとし、他の連結法人（当該連結法人との間に連結完全支配関係があるものに限る。）に支払うものを除く。）があるときは、第一項の規定により当該連結事業年度の連結所得の金額の計算上益金の額に算入しない金額は、次に掲げる金額の合計額とする。
一　その保有する完全子法人株式等につき当該連結事業年度において受ける配当等の額の合計額
二　その保有する関係法人株式等につき当該連結事業年度において受ける配当等の額の合計額から当該負債の利子の額のうち当該関係法人株式等に係る部分の金額として政令で定めるところにより計算した金額を控除した金額
三　その保有する完全子法人株式等及び関係法人株式等のいずれにも該当しない株式等につき当該連結事業年度において受ける配当等の額の合計額から当該負債の利子の額のうち当該株式等に係る部分の金額として政令で定めるところにより計算した金額を控除した金額の百分の五十に相当する金額
5　第一項及び前項に規定する完全子法人株式等とは、配当等の額の計算期間を通じて連結法人との間に完全支配関係があつた他の内国法人（公益法人等及び人格のない社団等を除く。）の株式又は出資として政令で定めるものをいう。
6　第一項及び第四項に規定する関係法人株式等とは、連結法人が他の内国法人（公益法人等及び人格のない社団等を除く。）の発行済株式又は出資（当該他の内国法人が有する自己の株式又は出資を除く。）の総数又は総額の百分の二十五以上に相当する数又は金額の株式又は出資を有する場合として政令で定める場合における当該他の内国法人の株式又は出資（前項に規定する完全子法人株式等を除く。）をいう。
7　省略
8　省略
9　第一項の規定により益金の額に算入されない金額のうち各連結法人に帰せられる金額の計算その他同項から第六項までの規定の適用に関し必要な事項は、政令で定める。

（連結事業年度における寄附金の損金不算入）
第八十一条の六　省略
2　連結法人が各連結事業年度において当該連結法人との間に完全支配関係（法人による完全支配関係に限る。）がある他の内国法人に対して支出した寄附金の額（第二十五条の二（受贈益の益金不算入）又は第八十一条の三第一項（第二十五条の二に係る部分に限る。）（個別益金額又は個別損金額の益金又は損金算入）の規定を適用しないとした場合に当該他の内国法人の各事業年度の所得の金額又は各連結事業年度の連結所得の金

額の計算上益金の額に算入される第二十五条の二第二項に規定する受贈益の額に対応するものに限る。）は、当該連結法人の各連結事業年度の連結所得の金額の計算上、損金の額に算入しない。
3 ～ 7 省略

（連結欠損金の繰越し）
第八十一条の九　連結親法人の各連結事業年度開始の日前七年以内に開始した連結事業年度において生じた連結欠損金額（この項の規定により当該各連結事業年度前の連結事業年度の連結所得の金額の計算上損金の額に算入されたもの及び第八十一条の三十一（連結欠損金の繰戻しによる還付）の規定により還付を受けるべき金額の計算の基礎となつたものを除く。）がある場合には、当該連結欠損金額に相当する金額は、当該各連結事業年度の連結所得の金額の計算上、損金の額に算入する。ただし、当該連結欠損金額をその生じた連結事業年度ごとに区分した後のそれぞれの連結欠損金額に係る限度超過額（当該連結欠損金額が次の各号に掲げる場合のいずれに該当するかに応じ当該各号に定める金額をいう。）の合計額については、この限りでない。
一　当該連結欠損金額のうちに特定連結欠損金額が含まれる場合　次に掲げる金額の合計額（当該合計額が次号に定める金額に満たない場合には、同号に定める金額）
イ　当該特定連結欠損金額に係る特定連結欠損金個別帰属額を有する各連結法人の当該特定連結欠損金個別帰属額が当該各連結事業年度の当該各連結法人の控除対象個別所得金額（当該連結欠損金額につき本文の規定を適用せず、かつ、個別損金額を計算する場合の第六十二条の五第五項（現物分配による資産の譲渡）の規定を適用しないものとして計算した場合における第八十一条の十八第一項（連結法人税個別帰属額の計算）に規定する個別所得金額をいい、当該特定連結欠損金個別帰属額の生じた連結事業年度前の連結事業年度において生じた連結欠損金額に相当する金額で本文の規定により当該各連結事業年度の連結所得の金額の計算上損金の額に算入されるもののうち当該連結法人に帰せられる金額がある場合には、当該帰せられる金額に相当する金額を控除した金額とする。ロにおいて同じ。）を超える場合のその超える部分の金額の合計額
ロ　当該連結欠損金額から当該特定連結欠損金額を控除した金額が当該連結欠損金額につき本文の規定を適用せず、かつ、個別損金額を計算する場合の第六十二条の五第五項の規定を適用しないものとして計算した場合における当該各連結事業年度の連結所得の金額（当該連結欠損金額の生じた連結事業年度前の連結事業年度において生じた連結欠損金額に相当する金額で本文の規定により当該各連結事業年度の連結所得の金

額の計算上損金の額に算入されるものがある場合には、当該損金の額に算入される金額を控除した金額。次号において「控除前連結所得金額」という。）から当該特定連結欠損金額に係る特定連結欠損金個別帰属額を有する各連結法人の特定連結欠損金個別控除額（当該特定連結欠損金個別帰属額と当該各連結事業年度の控除対象個別所得金額とのうちいずれか少ない金額をいう。）の合計額を控除した金額を超える場合のその超える部分の金額

二 前号に掲げる場合以外の場合 当該連結欠損金額が控除前連結所得金額を超える場合のその超える部分の金額

2 前項の連結親法人又は連結子法人が次の各号に掲げる場合に該当するときは、その該当することとなつた日の属する連結事業年度以後の各連結事業年度における同項の規定の適用については、当該各号に定める欠損金額又は連結欠損金個別帰属額は、当該欠損金額又は連結欠損金個別帰属額が生じた連結事業年度として政令で定める連結事業年度において生じた連結欠損金額とみなす。

一 当該連結親法人又は連結子法人（第六十一条の十一第一項各号（連結納税の開始に伴う資産の時価評価損益）又は第六十一条の十二第一項各号（連結納税への加入に伴う資産の時価評価損益）に掲げるものに限る。以下この項において「特定連結子法人」という。）にイ又はロに掲げる欠損金額又は連結欠損金個別帰属額がある場合 当該欠損金額又は連結欠損金個別帰属額（第四条の三第十項又は第十一項（連結納税の承認の申請）の規定の適用を受けるこれらの規定に規定する他の内国法人であつた特定連結子法人に係るイに掲げる欠損金額にあつては、当該欠損金額の生じた事業年度において青色申告書である確定申告書（イに規定する災害損失欠損金額にあつては、第五十八条第四項（青色申告書を提出しなかつた事業年度の災害による損失金の繰越し）に規定する損失の額の計算に関する明細を記載した確定申告書）を提出していることその他の政令で定める要件を満たしているものに限る。）

イ 最初連結事業年度（各連結事業年度の連結所得に対する法人税を課される最初の連結事業年度をいう。以下この項及び次項において同じ。）開始の日前七年以内に開始した当該連結親法人又は特定連結子法人（ロに規定する特定連結子法人を除く。）の各事業年度において生じた第五十七条第一項（青色申告書を提出した事業年度の欠損金の繰越し）に規定する欠損金額（同条第二項又は第五項の規定により欠損金額とみなされたものを含み、同条第四項又は第八項の規定によりないものとされたものを除く。）又は第五十八条第一項に規定する災害損失欠損金額（同条第二項の規定により同条第一項に規定する災害損失欠損金額とみなされたものを含み、同条第三項の規定によりないものとされたものを除く。）

ロ　最初連結事業年度開始の日前七年以内に開始した当該特定連結子法人（当該開始の日の前日が連結事業年度終了の日であるものに限る。）の各連結事業年度において生じた当該特定連結子法人の連結欠損金個別帰属額

二　当該連結親法人若しくは連結子法人を合併法人とする適格合併（被合併法人が当該連結親法人との間に連結完全支配関係がない法人（連結完全支配関係がある法人に準ずる法人として政令で定める法人を除き、特定連結子法人で最初連結事業年度が終了していないものを含む。）であるものに限る。以下この号において同じ。）が行われた場合又は当該連結親法人との間に完全支配関係（当該連結親法人による完全支配関係又は第二条第十二号の七の六（定義）に規定する相互の関係に限る。）がある他の内国法人で当該連結親法人若しくは連結子法人が発行済株式若しくは出資の全部若しくは一部を有するもの（当該連結親法人との間に連結完全支配関係がないものにあつては連結完全支配関係がある法人に準ずる法人として政令で定める内国法人を除き、当該連結親法人との間に連結完全支配関係があるものにあつては特定連結子法人で最初連結事業年度が終了していないものに限る。）の残余財産が確定した場合　次のイ又はロに掲げる欠損金額又は連結欠損金個別帰属額（当該他の内国法人に株主等が二以上ある場合には、当該欠損金額又は連結欠損金個別帰属額を当該他の内国法人の発行済株式又は出資（当該他の内国法人が有する自己の株式又は出資を除く。）の総数又は総額で除し、これに当該連結親法人又は連結子法人の有する当該他の内国法人の株式又は出資の数又は金額を乗じて計算した金額）

イ　当該被合併法人又は他の内国法人（それぞれロに規定する被合併法人又は他の内国法人を除く。イにおいて同じ。）の当該適格合併の日前七年以内に開始し、又は当該残余財産の確定の日の翌日前七年以内に開始した各事業年度（当該被合併法人又は他の内国法人が特定連結子法人で最初連結事業年度が終了していないものである場合には、当該連結親法人との間に連結完全支配関係を有することとなつた日前に開始した事業年度に限る。）において生じた第五十七条第二項に規定する未処理欠損金額（当該被合併法人で当該連結親法人若しくは連結子法人（当該適格合併が当該連結親法人又は連結子法人を設立するものである場合には、当該適格合併に係る他の被合併法人。イにおいて同じ。）との間に支配関係があるもの又は当該他の内国法人が特定連結子法人又はこれに準ずる法人として政令で定める法人に該当しない場合において、当該適格合併が同条第三項に規定する政令で定める合併に該当する場合又は当該被合併法人若しくは他の内国法人と当該連結親法人若しくは連結子法人との間に当該適格合併の日の属する連結親法人事業年度（第十五条の二第一項（連結事業年度の意義）に規定する連結親法人事業年度をいう。以下この条において同じ。）若しくは当該残余財

産の確定の日の翌日の属する連結親法人事業年度開始の日の五年前の日、当該被合併法人若しくは他の内国法人の設立の日若しくは当該連結親法人若しくは連結子法人の設立の日のうち最も遅い日から継続して支配関係がある場合として政令で定める場合のいずれにも該当しないときは、第五十七条第三項の規定により当該未処理欠損金額に含まないものとされる金額を除く。）又は第五十八条第二項に規定する未処理災害損失欠損金額

ロ　当該被合併法人（当該適格合併の日の前日が連結事業年度終了の日であるものに限る。ロにおいて同じ。）又は当該他の内国法人（当該残余財産の確定の日が連結事業年度終了の日であるものに限る。ロにおいて同じ。）の当該適格合併の日前七年以内に開始し、又は当該残余財産の確定の日の翌日前七年以内に開始した各連結事業年度において生じた当該被合併法人又は他の内国法人の連結欠損金個別帰属額（当該被合併法人で当該連結親法人若しくは連結子法人（当該適格合併が当該連結親法人又は連結子法人を設立するものである場合には、当該適格合併に係る他の被合併法人。ロにおいて同じ。）との間に支配関係があるもの又は当該他の内国法人が特定連結子法人又はイに規定する政令で定める法人に該当しない場合において、当該適格合併が第五十七条第三項に規定する政令で定める合併に該当する場合又は当該被合併法人若しくは他の内国法人と当該連結親法人若しくは連結子法人との間にイに規定する最も遅い日から継続して支配関係がある場合として政令で定める場合のいずれにも該当しないときは、当該連結欠損金個別帰属額のうち同項の規定により未処理欠損金額に含まないものとされる金額に相当する金額として政令で定める金額を除く。）

3　第一項に規定する特定連結欠損金額とは、前項の規定により連結欠損金額とみなされる金額のうち次の各号に掲げる金額をいい、第一項に規定する特定連結欠損金個別帰属額とは、当該各号に掲げる金額に係る連結欠損金個別帰属額をいう。

一　前項第一号に規定する特定連結子法人に係る同号に定める欠損金額又は連結欠損金個別帰属額（当該特定連結子法人が同号の連結親法人の最初連結事業年度開始の日の五年前の日から当該開始の日までの間に行われた株式移転に係る株式移転完全子法人であつたもののうちその発行済株式の全部が当該株式移転により設立された株式移転完全親法人であつた当該連結親法人によつて当該株式移転の日から当該開始の日まで継続して保有されているもの（他の法人に支配されているものとして政令で定めるものを除く。次号において「連結親法人同等法人」という。）である場合には、イ又はロに掲げる欠損金額又は連結欠損金個別帰属額を除く。）

イ　当該開始の日前七年以内に開始した当該特定連結子法人の各事業年度（当該株式移転が適格株式移転に該当しないものである場合には、当該各事業年度のうち当該株式

移転の日の属する事業年度前の事業年度を除く。）において生じた前項第一号イに掲げる欠損金額
　ロ　当該開始の日前七年以内に開始した当該特定連結子法人（当該開始の日に当該株式移転（適格株式移転に限る。）が行われたことに基因して第四条の五第二項（連結納税の承認の取消し等）の規定により第四条の二（連結納税義務者）の承認が取り消された連結親法人であつたものに限る。）のその承認に係る各連結事業年度において生じた前項第一号ロに掲げる連結欠損金個別帰属額
二　前項第二号の連結親法人若しくは連結子法人を合併法人とする同号に規定する適格合併に係る同号の被合併法人又は当該連結親法人との間に完全支配関係がある同号に規定する他の内国法人に係る同号に定める欠損金額又は連結欠損金個別帰属額（当該被合併法人又は他の内国法人が連結親法人同等法人である場合には、同号イ又はロに掲げる欠損金額又は連結欠損金個別帰属額に前号イ又はロに掲げる欠損金額又は連結欠損金個別帰属額を含まないものとして計算した場合の同項第二号に定める欠損金額又は連結欠損金個別帰属額）

4　連結法人を合併法人とする合併で当該連結法人との間に連結完全支配関係がある他の連結法人を被合併法人とするものが行われた場合（当該合併の日が連結親法人事業年度開始の日又は当該他の連結法人が連結親法人との間に連結完全支配関係を有することとなつた日である場合を除く。）又は当該連結法人との間に連結完全支配関係がある他の連結法人で当該連結法人が発行済株式若しくは出資の全部若しくは一部を有するものの残余財産が確定した場合（当該残余財産の確定の日が連結親法人事業年度終了の日である場合を除く。）において、これらの他の連結法人の当該合併の日の前日又は当該残余財産の確定の日の属する事業年度において生じた欠損金額があるときは、当該欠損金額に相当する金額（当該残余財産が確定した他の連結法人に株主等が二以上ある場合には、当該欠損金額に相当する金額を当該他の連結法人の発行済株式又は出資（当該他の連結法人が有する自己の株式又は出資を除く。）の総数又は総額で除し、これに当該連結法人の有する当該他の連結法人の株式又は出資の数又は金額を乗じて計算した金額）は、当該連結法人の当該合併の日の属する連結事業年度又は当該残余財産の確定の日の翌日の属する連結事業年度の連結所得の金額の計算上、損金の額に算入する。

5　連結法人の次の各号に掲げる連結事業年度における第一項の規定の適用については、当該各号に定める連結欠損金個別帰属額に係る連結欠損金額のうち当該連結欠損金個別帰属額に相当する金額は、ないものとする。
一　連結子法人が当該連結子法人を被合併法人とする合併を行つた場合の当該合併の日の属する連結事業年度以後の各連結事業年度　当該合併の日の属する連結親法人事業

年度開始の日前七年以内に開始した各連結事業年度において生じた当該連結子法人の連結欠損金個別帰属額（当該合併が当該連結子法人との間に連結完全支配関係がある他の連結法人を合併法人とする適格合併である場合には、当該連結欠損金個別帰属額のうち第五十七条第五項の規定により同条第一項に規定する欠損金額とみなされて当該連結子法人の当該合併の日の前日の属する事業年度の所得の金額の計算上損金の額に算入された金額）

二　連結子法人の残余財産が確定した場合のその残余財産の確定の日の翌日の属する連結事業年度以後の各連結事業年度　当該残余財産の確定の日の翌日の属する連結親法人事業年度開始の日前七年以内に開始した各連結事業年度において生じた当該連結子法人の連結欠損金個別帰属額のうち第五十七条第五項の規定により同条第一項に規定する欠損金額とみなされて当該連結子法人の当該残余財産の確定の日の属する事業年度の所得の金額の計算上損金の額に算入された金額

三　連結親法人又は連結子法人を合併法人等（合併法人、分割承継法人、被現物出資法人又は被現物分配法人をいう。）とし、当該連結親法人との間に連結完全支配関係がない法人（当該連結親法人又は連結子法人との間に支配関係があるものに限るものとし、連結完全支配関係がある法人に準ずる法人として政令で定める法人を除く。以下この号において「非連結法人」という。）を被合併法人等（被合併法人、分割法人、現物出資法人又は現物分配法人をいう。）とする第五十七条第四項に規定する適格組織再編成等（同項に規定する政令で定めるものを除く。以下この号において「適格組織再編成等」という。）が行われた場合（当該適格組織再編成等の日（当該適格組織再編成等が残余財産の全部の分配である場合には、その残余財産の確定の日の翌日）の属する連結親法人事業年度開始の日の五年前の日、当該連結親法人若しくは連結子法人の設立の日又は当該非連結法人の設立の日のうち最も遅い日から継続して当該連結親法人又は連結子法人と当該非連結法人との間に支配関係がある場合として政令で定める場合を除く。）の当該連結親法人事業年度終了の日の属する連結事業年度以後の各連結事業年度　当該開始の日前七年以内に開始した各連結事業年度において生じた当該連結親法人又は連結子法人の連結欠損金個別帰属額を同項に規定する欠損金額とみなした場合に同項の規定によりないものとされる金額に相当する金額として政令で定める金額

四　連結子法人が破産手続開始の決定により解散をした場合の当該破産手続開始の決定の日の翌日の属する連結事業年度以後の各連結事業年度　当該破産手続開始の決定の日の翌日の属する連結親法人事業年度開始の日前七年以内に開始した各連結事業年度において生じた当該連結子法人の連結欠損金個別帰属額

五　連結子法人が連結親法人との間に当該連結親法人による連結完全支配関係を有しなくなつた場合（前各号に規定する場合に該当する場合を除く。）のその有しなくなつた日の属する連結事業年度以後の各連結事業年度　その有しなくなつた日の属する連結親法人事業年度開始の日前七年以内に開始した各連結事業年度において生じた当該連結子法人の連結欠損金個別帰属額

6　第二項、第三項及び前項に規定する連結欠損金個別帰属額とは、連結欠損金額のうち各連結法人に帰せられる金額として政令で定める金額をいう。

7　第一項の規定は、同項の連結親法人が連結欠損金額の生じた連結事業年度（第二項第一号に定める欠損金額又は連結欠損金個別帰属額で同項の規定により連結欠損金額とみなされたものにあつては同号イに規定する最初連結事業年度とし、同項第二号に定める欠損金額又は連結欠損金個別帰属額で同項の規定により連結欠損金額とみなされたものにあつては同号に規定する適格合併の日の属する連結事業年度又は同号の残余財産の確定の日の翌日の属する連結事業年度とする。）について連結確定申告書を提出し、かつ、その後において連続して連結確定申告書を提出している場合に限り、適用する。

8　第一項の規定により損金の額に算入される金額のうち各連結法人に帰せられる金額の計算その他同項から第五項までの規定の適用に関し必要な事項は、政令で定める。

（特定株主等によつて支配された欠損等連結法人の連結欠損金の繰越しの不適用）
第八十一条の十　省略

2　欠損等連結法人である連結親法人又は連結子法人と他の法人との間で該当日（第五十七条の二第一項に規定する該当日を含む。）以後に合併、分割、現物出資又は第二条第十二号の六（定義）に規定する現物分配が行われる場合には、次の各号に掲げる未処理欠損金額又は連結欠損金個別帰属額（前条第六項に規定する連結欠損金個別帰属額をいう。以下この条において同じ。）については、それぞれ当該各号に定める規定は、適用しない。

一　当該連結親法人又は連結子法人を合併法人とする前条第二項第二号に規定する適格合併が行われる場合における当該適格合併に係る被合併法人の当該適格合併の日の前日の属する事業年度又は連結事業年度以前の各事業年度又は各連結事業年度において生じた同号イに規定する未処理欠損金額又は同号ロに掲げる連結欠損金個別帰属額（当該適格合併が当該連結親法人の適用事業年度（第五十七条の二第一項に規定する適用事業年度をいう。以下この条において同じ。）又は適用連結事業年度開始の日以後三年を経過する日（その経過する日が特定支配日以後五年を経過する日後となる場合にあつては、同日。次項において「三年経過日」という。）後に行われるものであ

る場合には、当該未処理欠損金額又は連結欠損金個別帰属額のうち、これらの生じた事業年度又は連結事業年度開始の日が当該適用事業年度又は適用連結事業年度開始の日前であるものに限る。）　前条第二項

二　当該連結親法人又は連結子法人を合併法人、分割承継法人、被現物出資法人又は被現物分配法人とする前条第五項第三号に規定する適格組織再編成等が行われる場合における当該連結親法人又は連結子法人の適用連結事業年度前の各連結事業年度において生じた連結欠損金個別帰属額　同項

3　欠損等連結法人の該当日以後に当該欠損等連結法人との間に前条第二項第二号に規定する完全支配関係がある内国法人で当該欠損等連結法人が発行済株式又は出資の全部又は一部を有するものの残余財産が確定する場合における当該内国法人の当該残余財産の確定の日の属する事業年度又は連結事業年度以前の各事業年度又は各連結事業年度において生じた同号イに規定する未処理欠損金額又は同号ロに掲げる連結欠損金個別帰属額（当該残余財産の確定の日が当該欠損等連結法人の三年経過日以後である場合には、当該未処理欠損金額又は連結欠損金個別帰属額のうち、これらの生じた事業年度又は連結事業年度開始の日が当該欠損等連結法人の適用事業年度又は適用連結事業年度開始の日前であるものに限る。）については、同項の規定は、当該欠損等連結法人については、適用しない。

4　前条第二項の連結親法人又は同項第一号に規定する特定連結子法人（以下この項において「特定連結子法人」という。）が同号イに規定する最初連結事業年度開始の日の前日において欠損等法人又は欠損等連結法人である場合には、当該連結親法人又は特定連結子法人の適用事業年度又は適用連結事業年度前の各事業年度又は各連結事業年度において生じた同号イに規定する欠損金額又は同号ロに掲げる連結欠損金個別帰属額については、同条第二項の規定は、適用しない。

5　前条第二項の連結親法人若しくは連結子法人と欠損等法人若しくは欠損等連結法人との間で当該連結親法人若しくは連結子法人を合併法人とする同項第二号に規定する適格合併が行われる場合又は同項の連結親法人との間に同号に規定する完全支配関係がある同号に規定する他の内国法人である欠損等法人若しくは欠損等連結法人の残余財産が確定する場合には、これらの欠損等法人又は欠損等連結法人の適用事業年度又は適用連結事業年度前の各事業年度又は各連結事業年度において生じた同号イに規定する未処理欠損金額又は同号ロに掲げる連結欠損金個別帰属額については、同項の規定は、適用しない。

6　前各項の規定の適用に関し必要な事項は、政令で定める。

(各連結事業年度の連結所得に対する法人税の税率)
第八十一条の十二　省略
　2　前項の場合において、連結親法人のうち、各連結事業年度終了の時において資本金の額若しくは出資金の額が一億円以下であるもの又は資本若しくは出資を有しないものの各連結事業年度の連結所得の金額のうち年八百万円以下の金額については、同項の規定にかかわらず、百分の二十二の税率による。
　3　〜　5　省略
　6　「連結親法人のうち各連結事業年度終了の時において第六十六条第六項各号（各事業年度の所得に対する法人税の税率）に掲げる法人に該当するものについては、第二項の規定は、適用しない。

(連結特定同族会社の特別税率)
第八十一条の十三　省略
　2　前項に規定する連結留保金額とは、次に掲げる金額の合計額（第四項において「連結所得等の金額」という。）のうち留保した金額から、当該連結事業年度の連結所得の金額につき前条第一項又は第二項の規定により計算した法人税の額（次条から第八十一条の十七まで（税額控除）の規定により控除する金額がある場合には、当該金額を控除した金額）並びに地方税法の規定により当該連結事業年度の連結法人税個別帰属額（第八十一条の十八第一項（連結法人税の個別帰属額の計算）の規定により同項に規定する負担額として帰せられる金額又は減少額として帰せられる金額として計算される金額をいう。）に調整を加えた金額に係る道府県民税及び市町村民税（都民税を含む。）の額として政令で定めるところにより計算した金額の合計額を控除した金額をいう。
　一　当該連結事業年度の連結所得の金額（当該連結事業年度終了の日の翌日に適格合併に該当しない合併により解散した連結法人がある場合には、第六十二条第二項（合併及び分割による資産等の時価による譲渡）に規定する資産及び負債の同項に規定する譲渡がないものとして計算した場合における連結所得の金額）
　二　第八十一条の三第一項（第二十三条の二（外国子会社から受ける配当等の益金不算入）又は第二十五条の二第一項（受贈益の益金不算入）の規定により個別益金額を計算する場合に限る。）（個別益金額又は個別損金額の益金又は損金算入）の規定により当該連結事業年度の連結所得の金額の計算上益金の額に算入されなかつた金額
　三　省略
　四　個別益金額を計算する場合の第二十六条第一項（還付金等の益金不算入）に規定する還付を受け又は充当される金額（同項第一号に掲げる金額にあつては、第八十一条

の三第一項（第三十八条第一項（法人税額等の損金不算入）に係る部分に限る。）（個別益金額又は個別損金額の益金又は損金算入）の規定により当該連結事業年度の連結所得の金額の計算上損金の額に算入されない法人税の額並びに当該法人税の額に係る地方税法の規定による道府県民税及び市町村民税（都民税及びこれらの税に係る均等割を含む。）の額に係る部分の金額を除く。）、第二十六条第二項に規定する減額された金額及び同条第六項に規定する還付を受ける金額並びに第八十一条の五（連結事業年度における外国税額の還付金の益金不算入）に規定する減額された部分として政令で定める金額の合計額

五　第八十一条の九（連結欠損金の繰越し）の規定により当該連結事業年度の連結所得の金額の計算上損金の額に算入された金額並びに個別損金額を計算する場合の第五十九条第一項及び第二項（会社更生等による債務免除等があつた場合の欠損金の損金算入）に規定する合計額に達するまでの金額並びに同条第三項に規定する政令で定めるものに相当する金額の合計額

3　～　7　省略

（連結事業年度における外国税額の控除）

第八十一条の十五　省略

2　～　4　省略

5　連結法人が適格合併、適格分割又は適格現物出資（以下この項及び第八項において「適格合併等」という。）により被合併法人、分割法人又は現物出資法人（第八項において「被合併法人等」という。）から事業の全部又は一部の移転を受けた場合には、当該連結法人の当該適格合併等の日の属する連結事業年度以後の各連結事業年度における第二項及び第三項の規定の適用については、次の各号に掲げる適格合併等の区分に応じ当該各号に定める金額は、政令で定めるところにより、当該連結法人の前三年内連結事業年度の連結控除限度個別帰属額及び当該連結法人が当該前三年内連結事業年度において納付することとなつた個別控除対象外国法人税の額とみなす。

一　適格合併　当該適格合併に係る被合併法人の合併前三年内事業年度（適格合併の日前三年以内に開始した各連結事業年度又は各事業年度をいう。）の連結控除限度個別帰属額及び控除限度額並びに個別控除対象外国法人税の額及び控除対象外国法人税の額

二　適格分割又は適格現物出資（以下第七項までにおいて「適格分割等」という。）　当該適格分割等に係る分割法人又は現物出資法人（次項及び第七項において「分割法人等」という。）の分割等前三年内事業年度（適格分割等の日の属する連結事業年度開

始の日前三年以内に開始した各連結事業年度若しくは各事業年度又は適格分割等の日の属する事業年度開始の日前三年以内に開始した各事業年度若しくは各連結事業年度をいう。第七項において同じ。)の連結控除限度個別帰属額及び控除限度額並びに個別控除対象外国法人税の額及び控除対象外国法人税の額のうち、当該適格分割等により当該連結法人が移転を受けた事業に係る部分の金額として政令で定めるところにより計算した金額

6 前項の規定は、適格分割等により当該適格分割等に係る分割法人等から事業の移転を受けた連結法人にあつては、当該連結法人(当該連結法人が連結子法人である場合には、当該連結法人に係る連結親法人)が当該適格分割等の日以後三月以内に当該連結法人の前三年内連結事業年度の連結控除限度個別帰属額及び個別控除対象外国法人税の額とみなされる金額その他の財務省令で定める事項を記載した書類を連結親法人の納税地の所轄税務署長に提出した場合に限り、適用する。

7 適格分割等に係る分割承継法人又は被現物出資法人(以下この項において「分割承継法人等」という。)が第五項又は第六十九条第五項の規定の適用を受ける場合には、当該適格分割等に係る分割法人等の当該適格分割等の日の属する連結事業年度以後の各連結事業年度における第二項及び第三項の規定の適用については、当該分割法人等の分割等前三年内事業年度の連結控除限度個別帰属額及び個別控除対象外国法人税の額のうち、第五項の規定により当該分割承継法人等の前三年内連結事業年度の連結控除限度個別帰属額とみなされる金額及び同条第五項の規定により前三年内事業年度(同条第二項に規定する前三年内事業年度をいう。以下この項において同じ。)の控除限度額とみなされる金額並びに第五項の規定により当該分割承継法人等が当該前三年内連結事業年度において納付することとなつた個別控除対象外国法人税の額とみなされる金額及び同条第五項の規定により当該前三年内事業年度において納付することとなつた控除対象外国法人税の額とみなされる金額は、ないものとする。

8 連結法人が納付することとなつた外国法人税の額につき第一項から第三項まで又は第六十九条第一項から第三項までの規定の適用を受けた連結事業年度又は事業年度(以下この項において「適用事業年度」という。)開始の日後七年以内に開始する当該連結法人の各連結事業年度において当該外国法人税の額が減額された場合(当該連結法人が適格合併等により被合併法人等から事業の全部又は一部の移転を受けた場合にあつては、当該被合併法人等が納付することとなつた外国法人税の額のうち当該連結法人が移転を受けた事業に係る所得に基因して納付することとなつた外国法人税の額に係る当該被合併法人等の適用事業年度開始の日後七年以内に開始する当該連結法人の各連結事業年度において当該外国法人税の額が減額された場合を含む。)における第一項から第三

項までの規定の適用については、政令で定めるところによる。

9 ～ 12 省略

(仮装経理に基づく過大申告の場合の更正に伴う法人税額の連結事業年度における控除)

第八十一条の十六　連結法人の各連結事業年度開始の日前に開始した連結事業年度の連結所得に対する法人税(当該連結事業年度終了の日以前に当該連結法人を合併法人とする適格合併が行われた場合の当該適格合併に係る被合併法人で当該連結法人との間に連結完全支配関係がある他の連結法人の当該適格合併(第十五条の二第一項(連結事業年度の意義)に規定する連結親法人事業年度開始の日に行うものを除く。)の日の前日の属する事業年度の所得に対する法人税を含む。)につき税務署長が更正をした場合において、当該更正につき第百三十五条第一項(仮装経理に基づく過大申告の場合の更正に伴う法人税額の還付の特例)の規定の適用があつたときは、当該更正に係る同項に規定する仮装経理法人税額(既に同条第二項、第三項又は第七項の規定により還付されるべきこととなつた金額及びこの条の規定により控除された金額を除く。)は、当該各連結事業年度(当該更正の日以後に終了する連結事業年度に限る。)の連結所得に対する法人税の額から控除する。

(連結法人税の個別帰属額の計算)

第八十一条の十八　連結法人に各連結事業年度の連結所得に対する法人税の負担額として帰せられ、又は当該法人税の減少額として帰せられる金額は、当該連結法人の当該連結事業年度の個別所得金額(当該連結事業年度の益金の額のうち当該連結法人に帰せられるものの合計額(以下この項において「個別帰属益金額」という。)が当該連結事業年度の損金の額のうち当該連結法人に帰せられるものの合計額(以下この項において「個別帰属損金額」という。)を超える場合におけるその超える部分の金額をいう。)がある場合にはそれぞれ当該個別所得金額に当該連結事業年度の連結所得に対して適用される法人税の税率を乗じて計算した金額と加算調整額(当該連結法人に係る第一号に掲げる金額をいう。以下この項において同じ。)とを合計した金額から減算調整額(当該連結法人に係る第二号から第四号までに掲げる金額の合計額をいう。以下この項において同じ。)を控除した金額又は減算調整額から当該合計した金額を控除した金額とし、当該連結法人の当該連結事業年度の個別欠損金額(個別帰属損金額が個別帰属益金額を超える場合におけるその超える部分の金額をいい、当該連結事業年度に連結欠損金額が生ずる場合には当該超える部分の金額から当該連結欠損金額のうち当該連結法人に帰せられるものを控除した金額とする。)がある場合にはそれぞれ加算調整額から当該個別欠損

金額に当該税率を乗じて計算した金額と減算調整額とを合計した金額を控除した金額又は当該合計した金額から加算調整額を控除した金額とする。
　一～四　省略
　2・3　省略

(連結中間申告)
第八十一条の十九　連結親法人（普通法人に限る。以下この条において同じ。）は、その連結事業年度が六月を超える場合には、当該連結事業年度開始の日以後六月を経過した日から二月以内に、税務署長に対し、次に掲げる事項を記載した申告書を提出しなければならない。ただし、第一号に掲げる金額が十万円以下である場合又は当該金額がない場合は、当該申告書を提出することを要しない。
　一　当該連結事業年度の前連結事業年度の連結確定申告書に記載すべき第八十一条の二十二第一項第二号（連結確定申告に係る法人税額）に掲げる金額で当該連結事業年度開始の日以後六月を経過した日の前日までに確定したもの（次項及び第六項において「連結確定法人税額」という。）を当該前連結事業年度の月数で除し、これに六を乗じて計算した金額（当該連結事業年度が最初連結親法人事業年度（連結親法人の各連結事業年度の連結所得に対する法人税を課される最初の連結事業年度をいう。以下この条において同じ。）である場合には、次に掲げる金額の合計額）
　　イ　連結法人（連結親法人及び最初連結親法人事業年度開始の時から当該最初連結親法人事業年度開始の日以後六月を経過した日の前日まで継続して当該連結親法人との間に連結完全支配関係がある連結子法人に限る。以下この号において同じ。）の当該最初連結親法人事業年度開始の日の前日の属する事業年度の確定法人税額（確定申告書に記載すべき第七十四条第一項第二号（確定申告に係る法人税額）に掲げる金額をいう。以下この条において同じ。）で当該最初連結親法人事業年度開始の日以後六月を経過した日の前日までに確定したものを当該事業年度の月数で除し、これに六を乗じて計算した金額の合計額
　　ロ　連結法人の当該最初連結親法人事業年度開始の日の前日の属する連結事業年度の連結法人税個別帰属支払額（各連結事業年度の連結所得に対する法人税の負担額としてその連結法人に帰せられる金額として前条第一項の規定により計算される金額をいう。以下この条において同じ。）で当該最初連結親法人事業年度開始の日以後六月を経過した日の前日までに確定した当該連結事業年度の連結確定申告書に記載すべき第八十一条の二十二第一項第二号に掲げる金額に係るものを当該開始の日の前日の属する当該連結法人の連結事業年度の月数で除し、これに六を乗じて計算した金額の合計

額
二　前号に掲げる金額の計算の基礎その他財務省令で定める事項

2　前項の場合において、同項の連結親法人の同項の連結事業年度（最初連結親法人事業年度を除く。）開始の日から同日以後六月を経過した日の前日までの期間内に第四条の五第一項（連結納税の承認の取消し）の規定により連結子法人（当該連結事業年度開始の時において当該連結親法人との間に連結完全支配関係があるものに限る。）につき第四条の二（連結納税義務者）の承認が取り消されたとき若しくは第四条の五第二項第五号に掲げる事実が生じたとき又は当該開始の日の前日から当該経過した日の前日までの期間内に当該連結子法人につき同項第四号に掲げる事実（合併による解散を除く。）が生じたとき若しくは当該開始の日から当該経過した日までの期間内に当該連結子法人が合併により解散をしたときは、その連結親法人が提出すべき当該連結事業年度の連結中間申告書については、前項第一号に掲げる金額は、同号の規定にかかわらず、連結確定法人税額から第一号に掲げる金額を減算し、又は連結確定法人税額に第二号に掲げる金額を加算した金額を当該連結事業年度の前連結事業年度の月数で除し、これに六を乗じて計算した金額とする。

一　当該連結子法人の当該連結事業年度開始の日の前日の属する連結事業年度の連結法人税個別帰属支払額で当該開始の日以後六月を経過した日の前日までに確定した当該前連結事業年度の連結確定申告書に記載すべき第八十一条の二十二第一項第二号に掲げる金額に係るもの

二　当該連結子法人（当該連結事業年度開始の日の前日から当該開始の日以後六月を経過した日の前日までの期間内に第四条の五第二項第四号に掲げる事実（残余財産の確定に限る。）が生じたもの及び当該開始の日から当該経過した日までの期間内に連結内合併（連結子法人を被合併法人とし、当該連結子法人との間に連結完全支配関係がある他の連結法人を合併法人とする合併並びに連結子法人及び当該連結子法人との間に連結完全支配関係がある他の連結子法人を被合併法人とする合併で法人を設立するものをいう。第四項及び第六項において同じ。）により解散したものを除く。）の当該連結事業年度開始の日の前日の属する連結事業年度の連結法人税個別帰属受取額（各連結事業年度の連結所得に対する法人税の減少額として当該連結子法人に帰せられる金額として前条第一項の規定により計算される金額をいう。）で当該開始の日以後六月を経過した日の前日までに確定した当該前連結事業年度の連結確定申告書に記載すべき第八十一条の二十二第一項第二号に掲げる金額に係るもの

3　第一項の場合において、第四条の二に規定する他の内国法人が次の各号に掲げる期間内に同項の連結親法人による連結完全支配関係を有することとなり、かつ、その有す

ることとなつた日から当該連結親法人の同項の連結事業年度開始の日以後六月を経過した日の前日まで当該連結完全支配関係が継続していたときは、その連結親法人が提出すべき当該連結事業年度の連結中間申告書については、同項第一号に掲げる金額は、同号、前項及び第五項の規定にかかわらず、これらの規定により計算した金額に相当する金額に当該各号に定める金額を加算した金額とする。

一　当該連結事業年度の前連結事業年度　連結加入法人（当該他の内国法人で当該連結親法人による連結完全支配関係を有することとなつたものをいう。以下この項において同じ。）の次に掲げる金額のうち最も新しい事業年度又は連結事業年度に係るもの（次号において「連結加入法人の確定法人税額等」という。）をその計算の基礎となつた当該連結加入法人の事業年度又は連結事業年度の月数で除し、これに当該連結親法人の当該連結事業年度の月数のうちに占める当該前連結事業年度開始の日からその連結加入日（当該連結完全支配関係を有することとなつた日をいう。以下この項において同じ。）の前日までの期間の月数の割合に六を乗じた数を乗じて計算した金額

イ　連結加入日前に開始し、当該連結親法人の当該連結事業年度開始の日の一年前の日以後に終了した各事業年度（その月数が六月に満たないものを除く。）の確定法人税額で当該連結親法人の当該連結事業年度開始の日以後六月を経過した日の前日までに確定したもの

ロ　連結加入日前に開始し、当該連結親法人の当該連結事業年度開始の日の一年前の日以後に終了した当該連結加入法人の各連結事業年度（その月数が六月に満たないものを除く。）の当該連結加入法人の連結法人税個別帰属支払額で当該連結親法人の当該連結事業年度開始の日以後六月を経過した日の前日までに確定した各連結事業年度の連結確定申告書に記載すべき第八十一条の二十二第一項第二号に掲げる金額に係るもの

二　省略

4　第一項の場合において、次の各号に掲げる期間内に同項の連結親法人若しくは連結子法人（当該連結親法人の同項の連結事業年度開始の時（連結内合併により設立された連結子法人にあつては、当該開始の時と当該連結内合併の時とのうちいずれか遅い時）から当該開始の日以後六月を経過した日の前日まで当該連結親法人との間に当該連結親法人による連結完全支配関係が継続していた連結子法人に限る。）を合併法人とする合併（第一号に掲げる期間内に行われる合併にあつては適格合併（法人を設立するものを除く。）に限り、第二号又は第三号に掲げる期間内に行われる合併にあつては連結内合併及び適格合併（連結内合併及び連結親法人を設立するものを除く。）に限る。）が行われたとき又は第二号若しくは第三号に掲げる期間内に当該連結親法人との間に連結完全

支配関係がある連結子法人の残余財産が確定したときは、その連結親法人が提出すべき当該連結事業年度の連結中間申告書については、同項第一号に掲げる金額は、同号、前二項及び次項の規定にかかわらず、これらの規定により計算した金額に相当する金額に当該各号に定める金額を加算した金額とする。

一　第一項の連結事業年度（最初連結親法人事業年度に限る。）開始の日の前日の属する事業年度又は連結事業年度　当該合併に係る被合併法人の次に掲げる金額のうち最も新しい事業年度又は連結事業年度に係るもの（次項において「被合併法人の確定法人税額等」という。）をその計算の基礎となつた当該被合併法人の事業年度又は連結事業年度の月数で除し、これに当該連結親法人又は連結子法人の当該開始の日の前日の属する事業年度又は連結事業年度の月数のうちに占める当該前日の属する事業年度又は連結事業年度開始の日から当該合併の日の前日までの期間の月数の割合に六を乗じた数を乗じて計算した金額

イ　当該連結事業年度開始の日の一年前の日以後に終了した各事業年度（その月数が六月に満たないものを除く。）の確定法人税額で当該開始の日以後六月を経過した日の前日までに確定したもの

ロ　当該連結事業年度開始の日の一年前の日以後に終了した各連結事業年度（その月数が六月に満たないものを除く。）の当該被合併法人の連結法人税個別帰属支払額で当該開始の日以後六月を経過した日の前日までに確定した各連結事業年度の連結確定申告書に記載すべき第八十一条の二十二第一項第二号に掲げる金額に係るもの

二　第一項の連結事業年度（最初連結親法人事業年度を除く。）の前連結事業年度　当該合併に係る被合併法人又は当該残余財産が確定した連結子法人の次に掲げる金額のうち最も新しい事業年度又は連結事業年度に係るもの（次号において「被合併法人等の確定法人税額等」という。）をその計算の基礎となつた当該被合併法人又は当該残余財産が確定した連結子法人の事業年度又は連結事業年度の月数で除し、これに当該連結親法人の当該前連結事業年度の月数のうちに占める当該前連結事業年度開始の日から当該合併の日の前日又は当該残余財産の確定の日までの期間の月数の割合に六を乗じた数を乗じて計算した金額

イ　当該連結事業年度開始の日の一年前の日以後に終了した各事業年度（当該被合併法人（連結内合併に係る被合併法人を除く。）の各事業年度にあつては、その月数が六月に満たないものを除く。）の確定法人税額で当該開始の日以後六月を経過した日の前日までに確定したもの

ロ　当該連結事業年度開始の日の一年前の日以後に終了した各連結事業年度（当該被合併法人（連結内合併に係る被合併法人を除く。）の各連結事業年度にあつては、その

月数が六月に満たないものを除く。）の当該被合併法人又は当該残余財産が確定した連結子法人の連結法人税個別帰属支払額で当該開始の日以後六月を経過した日の前日までに確定した各連結事業年度の連結確定申告書に記載すべき第八十一条の二十二第一項第二号に掲げる金額に係るもの

三　当該連結事業年度開始の日から同日以後六月を経過した日の前日までの期間　当該合併又は当該残余財産の確定に係る被合併法人等の確定法人税額等をその計算の基礎となつた当該合併に係る被合併法人又は当該残余財産が確定した連結子法人の事業年度又は連結事業年度の月数で除し、これに当該合併の日から当該六月を経過した日の前日まで又は当該残余財産の確定の日の翌日から当該六月を経過した日の前日までの期間の月数を乗じて計算した金額

5　第一項の場合において、同項の連結親法人が同項の連結事業年度開始の日に行われた適格合併（法人を設立するものに限る。）に係る合併法人であるときは、その連結親法人が提出すべき当該連結事業年度の連結中間申告書については、同項第一号に掲げる金額は、同号の規定にかかわらず、当該適格合併に係る被合併法人の確定法人税額等をその計算の基礎となつた当該適格合併に係る被合併法人の事業年度又は連結事業年度の月数で除し、これに六を乗じて計算した金額の合計額と同号イ及びロに掲げる金額の合計額とを合計した金額とする。

6　第一項の場合において、第一号に掲げる金額が第二号から第四号までに掲げる金額の合計額を超えるときは、同項の連結親法人が提出すべき同項の連結事業年度の連結中間申告書については、同項第一号に掲げる金額は、同号及び第二項から前項までの規定にかかわらず、これらの規定により計算した金額に相当する金額にその超える部分の金額を加算した金額とする。

一　第二項第一号に掲げる金額を当該連結事業年度の前連結事業年度の月数で除し、これに六を乗じて計算した金額

二　連結確定法人税額を当該連結事業年度の前連結事業年度の月数で除し、これに六を乗じて計算した金額

三　第二項第二号に掲げる金額を当該連結事業年度の前連結事業年度の月数で除し、これに六を乗じて計算した金額

四　連結内合併に係る被合併法人又は残余財産が確定した連結子法人に係る第四項第二号及び第三号に定める金額の合計額

7　省略

（青色申告の承認の申請）

第百二十二条　省略

　2　前項の場合において、当該事業年度が次の各号に掲げる事業年度に該当するときは、同項の申請書の提出期限は、同項の規定にかかわらず、当該各号に定める日の前日とする。

　一　～　四　省略

　五　内国法人が第四条の五第二項第四号又は第五号（連結納税の承認の取消し）の規定により第四条の二（連結納税義務者）の承認を取り消された場合（連結親法人事業年度（第十五条の二第一項（連結事業年度の意義）に規定する連結親法人事業年度をいう。第八号において同じ。）開始の日に当該承認を取り消された場合を除く。）におけるその取り消された日の前日の属する事業年度　当該事業年度終了の日の翌日から二月を経過する日（残余財産の確定の日の属する事業年度にあつては、当該事業年度終了の日の翌日から一月を経過する日（当該翌日から一月以内に残余財産の最後の分配又は引渡しが行われる場合には、その行われる日の前日）とする。以下この項及び第百二十五条（青色申告の承認があつたものとみなす場合）において同じ。）

　六　～　八　省略

（組織再編成に係る行為又は計算の否認）

第百三十二条の二　税務署長は、合併、分割、現物出資若しくは**現物分配**（第二条第十二号の六（定義）に規定する**現物分配**をいう。）又は株式交換若しくは株式移転（以下この条において「合併等」という。）に係る次に掲げる法人の法人税につき更正又は決定をする場合において、その法人の行為又は計算で、これを容認した場合には、合併等により移転する資産及び負債の譲渡に係る利益の額の減少又は損失の額の増加、法人税の額から控除する金額の増加、第一号又は第二号に掲げる法人の株式（出資を含む。第二号において同じ。）の譲渡に係る利益の額の減少又は損失の額の増加、みなし配当金額（第二十四条第一項（配当等の額とみなす金額）の規定により第二十三条第一項第一号（受取配当等の益金不算入）に掲げる金額とみなされる金額をいう。）の減少その他の事由により法人税の負担を不当に減少させる結果となると認められるものがあるときは、その行為又は計算にかかわらず、税務署長の認めるところにより、その法人に係る法人税の課税標準若しくは欠損金額又は法人税の額を計算することができる。

　一　合併等をした法人又は合併等により資産及び負債の移転を受けた法人

　二　・　三　省略

（仮装経理に基づく過大申告の場合の更正に伴う法人税額の還付の特例）

第百三十五条　省略
　２　省略
　３　第一項の規定の適用があつた内国法人（当該内国法人が単体間適格合併又は連結内適格合併により解散をした場合には当該単体間適格合併又は連結内適格合併に係る合併法人とし、当該内国法人が連結親法人である場合には同項の事実を仮装して経理したところに基づく金額を有する連結法人（当該連結法人が連結内適格合併により解散をした場合には、当該連結内適格合併に係る合併法人）とする。以下この条において「適用法人」という。）について、同項の更正の日の属する事業年度（取消前事業年度を除く。）開始の日（当該更正が当該単体間適格合併に係る被合併法人の各事業年度の所得に対する法人税について当該単体間適格合併の日前にされたものである場合には、当該被合併法人の当該更正の日の属する事業年度開始の日）から五年を経過する日の属する事業年度の第七十四条第一項（確定申告）の規定による申告書の提出期限又は当該更正の日の属する第十五条の二第一項に規定する連結親法人事業年度開始の日から五年を経過する日の属する連結事業年度の第八十一条の二十二第一項（連結確定申告）の規定による申告書の提出期限（当該更正の日から当該五年を経過する日の属する事業年度又は当該五年を経過する日の属する連結事業年度終了の日までの間に当該適用法人につき次の各号に掲げる事実が生じたときは、当該各号に定める提出期限。以下この項及び第八項において「最終申告期限」という。）が到来した場合（当該最終申告期限までに当該最終申告期限に係る申告書の提出がなかつた場合にあつては、当該申告書に係る期限後申告書の提出又は当該申告書に係る事業年度若しくは連結事業年度の法人税についての決定があつた場合）には、税務署長は、当該適用法人（当該適用法人が連結子法人である場合には、当該適用法人に係る連結親法人）に対し、当該更正に係る仮装経理法人税額（既に前項、この項又は第七項の規定により還付すべきこととなつた金額及び第七十条（仮装経理に基づく過大申告の場合の更正に伴う法人税額の控除）又は第八十一条の十六（仮装経理に基づく過大申告の場合の更正に伴う法人税額の連結事業年度における控除）の規定により控除された金額を除く。）を還付する。
　一　残余財産（連結法人の残余財産を除く。）が確定したこと　その残余財産の確定の日の属する事業年度の第七十四条第一項の規定による申告書の提出期限
　二　合併による解散（連結法人の解散及び単体間適格合併による解散を除く。）をしたこと　その合併の日の前日の属する事業年度の第七十四条第一項の規定による申告書の提出期限
　三　破産手続開始の決定による解散（連結法人の解散を除く。）をしたこと　その破産手続開始の決定の日の属する事業年度の第七十四条第一項の規定による申告書の提出

期限
　四　省略
　五　省略
　六　第四条の五第三項の承認を受けたこと　その承認を受けた日の属する連結事業年度の第八十一条の二十二第一項の規定による申告書の提出期限
　七　普通法人又は協同組合等（連結法人を除く。）が公益法人等に該当することとなつたこと　その該当することとなつた日の前日の属する事業年度の第七十四条第一項の規定による申告書の提出期限
4　適用法人につき次に掲げる事実が生じた場合には、当該適用法人（当該適用法人が連結子法人である場合には、当該適用法人に係る連結親法人。第六項及び第七項において同じ。）は、当該事実が生じた日以後一年以内に、納税地の所轄税務署長に対し、その適用に係る仮装経理法人税額（既に前二項又は第七項の規定により還付されるべきこととなつた金額及び第七十条又は第八十一条の十六の規定により控除された金額を除く。第六項及び第七項において同じ。）の還付を請求することができる。
　一　更生手続開始の決定があつたこと。
　二　再生手続開始の決定があつたこと。
　三　前二号に掲げる事実に準ずる事実として政令で定める事実
5　～　9　省略

経過措置（平成22年度改正法人税法関係）

（法人税法の一部改正に伴う経過措置の原則）
第十条　この附則に別段の定めがあるものを除き、第二条の規定（組織再編成等以外の改正規定に限る。）による改正後の法人税法（以下附則第二十九条までにおいて「新法人税法」という。）の規定は、法人（新法人税法第二条第八号に規定する人格のない社団等を含む。以下附則第二十三条までにおいて同じ。）の施行日以後に開始する事業年度の所得に対する法人税、連結法人の施行日以後に開始する連結事業年度の連結所得に対する法人税及び法人の施行日以後の解散（合併による解散及び新法人税法第九十二条第二項に規定する信託特定解散を除く。以下この項において同じ。）による清算所得に対する法人税（清算所得に対する法人税を課される法人の清算中の事業年度の所得に係る法人税及び残余財産の一部の分配又は引渡しにより納付すべき法人税を含む。以下この条において同じ。）について適用し、法人の施行日前に開始した事業年度の所得に対する法人税、連結法人の施行日前に開始した連結事業年度の連結所得に対する法人税及び法人の施行日

前の解散による清算所得に対する法人税については、なお従前の例による。
2　この附則に別段の定めがあるものを除き、第二条の規定（組織再編成等以外の改正規定を除く。）による改正後の法人税法（以下附則第二十六条までにおいて「十月新法人税法」という。）の規定は、平成二十二年十月一日以後に合併、分割、現物出資、現物分配（十月新法人税法第二条第十二号の六に規定する現物分配をいい、残余財産の分配にあつては同日以後の解散によるものに限る。）、株式交換若しくは株式移転が行われる場合、同日以後に解散（合併による解散及び破産手続開始の決定による解散を除く。）若しくは破産手続開始の決定が行われる場合又は同日以後に解散する法人の残余財産が確定する場合における法人の各事業年度の所得に対する法人税、各連結事業年度の連結所得に対する法人税及び退職年金等積立金に対する法人税について適用し、同日前に合併、分割、現物出資、事後設立（第二条の規定（組織再編成等以外の改正規定を除く。）による改正前の法人税法（以下附則第百三十四条までにおいて「十月旧法人税法」という。）第二条第十二号の六に規定する事後設立をいう。）、株式交換又は株式移転が行われた場合における法人の各事業年度の所得に対する法人税、各連結事業年度の連結所得に対する法人税及び退職年金等積立金に対する法人税並びに同日前に解散（合併による解散及び十月旧法人税法第九十二条第二項に規定する信託特定解散を除く。）が行われた場合における法人の清算所得に対する法人税については、なお従前の例による。

（完全支配関係の定義に関する経過措置）
第十一条　施行日から平成二十二年九月三十日までの間における新法人税法の規定の適用については、新法人税法第二条第十二号の七の六中「一の者が」とあるのは、「この編、第五十七条（青色申告書を提出した事業年度の欠損金の繰越し）、第六十一条の十一（連結納税の開始に伴う資産の時価評価損益）及び第六十一条の十二（連結納税への加入に伴う資産の時価評価損益）の場合を除き、一の者が」とする。

（連結納税の承認の申請に関する経過措置）
第十二条　新法人税法第四条の三第一項、第六項及び第八項の規定は、同条第一項に規定する内国法人が新法人税法第四条の二の承認を受けて各連結事業年度の連結所得に対する法人税を納める最初の連結事業年度としようとする期間の開始の日が平成二十二年十月一日以後である場合の同項の申請について適用し、第二条の規定（組織再編成等以外の改正規定に限る。）による改正前の法人税法（以下附則第二十九条までにおいて「旧法人税法」という。）第四条の三第一項に規定する内国法人が旧法人税法第四条の二の承認を受けて各連結事業年度の連結所得に対する法人税を納める最初の連結事業年度とし

ようとする期間の開始の日が同年十月一日前である場合の同項の申請については、なお従前の例による。

(事業年度に関する経過措置)
第十三条 十月新法人税法第十四条第二項の規定は、平成二十二年十月一日以後に同項に規定する他の内国法人が同条第一項第六号又は第七号に掲げる場合に該当することとなる場合の事業年度について適用する。
2 平成二十二年十月一日前に十月旧法人税法第十五条の二第二項に規定する他の内国法人が連結親法人との間に当該連結親法人による同条第一項第六号に規定する完全支配関係を有することとなった場合の同項に規定する最初連結事業年度については、なお従前の例による。

(受取配当等の益金不算入に関する経過措置)
第十四条 十月新法人税法第二十三条第三項の規定は、法人が平成二十二年十月一日以後に同項に規定する取得をする株式又は出資に係る同項に規定する配当等の額について適用する。

(外国子会社から受ける配当等の益金不算入に関する経過措置)
第十五条 十月新法人税法第二十三条の二第二項の規定は、法人が平成二十二年十月一日以後に同項に規定する取得をする株式又は出資に係る同項に規定する剰余金の配当等の額について適用する。

(受贈益の益金不算入に関する経過措置)
第十六条 十月新法人税法第二十五条の二の規定は、法人が平成二十二年十月一日以後に受ける同条第一項に規定する受贈益の額について適用する。

(特殊支配同族会社の役員給与の損金不算入に関する経過措置)
第十七条 旧法人税法第三十五条第一項に規定する特殊支配同族会社の施行日前に終了した事業年度の所得に対する法人税については、なお従前の例による。

(寄附金の損金不算入に関する経過措置)
第十八条 十月新法人税法第三十七条第二項の規定は、法人が平成二十二年十月一日以後に支出する同項に規定する寄附金の額について適用し、法人が同日前に支出した十月旧法

人税法第三十七条第二項に規定する寄附金の額については、なお従前の例による。

（青色申告書を提出した事業年度の欠損金の繰越しに関する経過措置）
第十九条　十月新法人税法第五十七条第八項（第一号に係る部分に限る。）の規定は、同項に規定する内国法人の同号に規定する合併の日が平成二十二年十月一日以後の日（施行日前に開始した連結親法人事業年度（十月旧法人税法第十五条の二第一項に規定する連結親法人事業年度をいう。以下附則第二十九条までにおいて同じ。）の同年十月一日以後の期間内の日を除く。）である場合又は十月新法人税法第五十七条第八項に規定する内国法人（同年十月一日以後に解散するものに限る。）の残余財産の確定の日が同年十月一日以後の日である場合の同号に定める欠損金額について適用し、十月旧法人税法第五十七条第九項に規定する内国法人の同項第二号に規定する合併の日が同年十月一日前の日（施行日前に開始した連結親法人事業年度の同年十月一日以後の期間内の日を含む。）である場合の同号に定める欠損金額については、なお従前の例による。

2　十月新法人税法第五十七条第八項に規定する内国法人（平成二十二年十月一日以後に解散するものに限る。）の残余財産の確定の日が施行日前に開始した連結親法人事業年度の同年十月一日から当該連結親法人事業年度終了の日の前日までの期間内の日である場合における同項（第一号に係る部分に限る。）の規定の適用については、同号中「第八十一条の九第二項第一号に規定する特定連結子法人」とあるのは、「所得税法等の一部を改正する法律（平成二十二年法律第六号）附則第二十六条第四項（連結欠損金の繰越しに関する経過措置）の規定によりなおその効力を有するものとされる同法第二条の規定による改正前の法人税法第八十一条の九第二項第二号（連結欠損金の繰越し）に規定する連結子法人」とする。

3　法人が施行日前に開始した連結親法人事業年度の期間（施行日以後に開始する連結親法人事業年度の平成二十二年九月三十日以前の期間を含む。）内に十月旧法人税法第五十七条第十項各号に規定する場合に該当した場合の当該各号に掲げる欠損金額については、なお従前の例による。

（青色申告書を提出しなかった事業年度の災害による損失金の繰越しに関する経過措置）
第二十条　十月新法人税法第五十八条第三項（第一号に係る部分に限る。）の規定は、同項に規定する内国法人の同号に規定する合併の日が平成二十二年十月一日以後の日（施行日前に開始した連結親法人事業年度の同年十月一日以後の期間内の日を除く。）である場合又は同項に規定する内国法人（同年十月一日以後に解散するものに限る。）の残余財産の確定の日が同年十月一日以後の日である場合の同号に定める災害損失欠損金額に

ついて適用し、十月旧法人税法第五十八条第四項に規定する内国法人の同項第二号に規定する合併の日が同年十月一日前の日（施行日前に開始した連結親法人事業年度の同年十月一日以後の期間内の日を含む。）である場合の同号に定める災害損失欠損金額については、なお従前の例による。

2　十月新法人税法第五十八条第三項に規定する内国法人（平成二十二年十月一日以後に解散するものに限る。）の残余財産の確定の日が施行日前に開始した連結親法人事業年度の同年十月一日から当該連結親法人事業年度終了の日の前日までの期間内の日である場合における同項（第一号に係る部分に限る。）の規定の適用については、同号中「第八十一条の九第二項第一号（連結欠損金の繰越し）に規定する特定連結子法人」とあるのは、「所得税法等の一部を改正する法律（平成二十二年法律第六号）附則第二十六条第四項（連結欠損金の繰越しに関する経過措置）の規定によりなおその効力を有するものとされる同法第二条の規定による改正前の法人税法第八十一条の九第二項第二号（連結欠損金の繰越し）に規定する連結子法人」とする。

3　法人が施行日前に開始した連結親法人事業年度の期間（施行日以後に開始する連結親法人事業年度の平成二十二年九月三十日以前の期間を含む。）内に当該法人を十月旧法人税法第五十八条第五項に規定する合併法人等とする同項に規定する適格合併等を行った場合の同項に規定する未処理災害損失欠損金額については、なお従前の例による。

（有価証券の譲渡益又は譲渡損の益金又は損金算入に関する経過措置）

第二十一条　十月新法人税法第六十一条の二第十六項の規定は、法人が同項に規定する他の内国法人の平成二十二年十月一日以後に生ずる同項に規定する事由により金銭その他の資産の交付を受けた場合又は法人が当該他の内国法人の同日以後に生ずる同項に規定する事由により当該他の内国法人の株式を有しないこととなった場合（同日以後に残余財産の分配を受けないことが確定した場合を含む。）における同条第一項に規定する譲渡利益額又は譲渡損失額について適用する。

（完全支配関係がある法人の間の取引の損益に関する経過措置）

第二十二条　十月新法人税法第六十一条の十三の規定は、法人が平成二十二年十月一日以後に行う同条第一項に規定する譲渡損益調整資産の譲渡に係る同項に規定する譲渡利益額又は譲渡損失額について適用し、法人が同日前に行った十月旧法人税法第六十一条の十三第一項に規定する譲渡損益調整資産の譲渡に係る同項に規定する譲渡利益額又は譲渡損失額については、次項に規定する場合を除き、なお従前の例による。

2　法人が平成二十二年十月一日前に行った十月旧法人税法第六十一条の十三第一項又

は第八十一条の十第一項に規定する譲渡損益調整資産（以下この項において「旧譲渡損益調整資産」という。）の譲渡に係る十月旧法人税法第六十一条の十三第一項又は第八十一条の十第一項に規定する譲渡利益額又は譲渡損失額（以下この項において「旧譲渡損益額」という。）に相当する金額につき同日において益金の額又は損金の額に算入されていない金額がある場合には、当該旧譲渡損益調整資産を十月新法人税法第六十一条の十三第一項に規定する譲渡損益調整資産と、当該旧譲渡損益額を同項に規定する譲渡損益調整資産に係る同項に規定する譲渡利益額又は譲渡損失額と、当該法人を当該譲渡利益額又は譲渡損失額につき同項の規定の適用を受けた法人と、当該旧譲渡損益調整資産の譲渡を受けた法人を同条第二項に規定する譲受法人と、当該旧譲渡損益額に相当する金額につき十月旧法人税法第六十一条の十三第二項又は第八十一条の十第二項の規定により益金の額又は損金の額に算入された金額を当該譲渡利益額又は譲渡損失額に相当する金額につき十月新法人税法第六十一条の十三第二項の規定により益金の額又は損金の額に算入された金額と、それぞれみなして、同条第二項から第六項までの規定を適用する。

（特定資産に係る譲渡等損失額の損金不算入に関する経過措置）
第二十三条　法人が施行日前に開始した連結親法人事業年度の期間（施行日以後に開始する連結親法人事業年度の平成二十二年九月三十日以前の期間を含む。）内に当該法人を合併法人又は分割承継法人とする十月旧法人税法第六十二条の七第七項に規定する特定適格合併等を行った場合の同項に規定する特定保有資産については、なお従前の例による。

（連結事業年度における受取配当等の益金不算入に関する経過措置）
第二十四条　新法人税法第八十一条の四の規定は、連結法人の連結親法人事業年度が施行日以後に開始する連結事業年度の連結所得に対する法人税について適用し、連結法人の連結親法人事業年度が施行日前に開始した連結事業年度の連結所得に対する法人税については、なお従前の例による。
２　十月新法人税法第八十一条の四第三項の規定は、連結法人が平成二十二年十月一日以後に同項に規定する取得をする株式又は出資に係る同項に規定する配当等の額について適用する。

（連結事業年度における寄附金の損金不算入に関する経過措置）
第二十五条　十月新法人税法第八十一条の六第二項の規定は、連結法人が平成二十二年十月一日以後に支出する同項に規定する寄附金の額について適用し、連結法人が同日前に支

出した十月旧法人税法第八十一条の六第二項に規定する寄附金の額については、なお従前の例による。

（連結欠損金の繰越しに関する経過措置）
第二十六条　新法人税法第八十一条の九第一項の規定は、連結親法人の連結親法人事業年度が施行日以後に開始する連結事業年度の連結所得に対する法人税について適用し、連結親法人の連結親法人事業年度が施行日前に開始した連結事業年度の連結所得に対する法人税については、なお従前の例による。
　2　新法人税法第八十一条の九第二項（第一号に係る部分に限る。）及び第三項（第一号に係る部分に限る。）の規定は、連結承認日（新法人税法第四条の二の承認の効力が生じた日をいう。以下この条において同じ。）の属する連結親法人事業年度開始の日が施行日以後である連結親法人又は新法人税法第八十一条の九第二項第一号に規定する特定連結子法人の同号に定める欠損金額又は連結欠損金個別帰属額について適用する。
　3　前項の場合において、施行日から平成二十二年九月三十日までの間に同項に規定する特定連結子法人を分割法人又は被合併法人とする分割型分割又は合併が行われるときの十月旧法人税法第五十七条第九項又は第五十八条第四項の規定の適用については、十月旧法人税法第五十七条第九項第一号ロ及び第二号ロ中「第八十一条の九第二項第二号に規定する連結子法人」とあるのは、「第八十一条の九第二項第一号に規定する特定連結子法人」とする。
　4　連結承認日の属する連結親法人事業年度開始の日が施行日前であった連結親法人又は連結子法人の旧法人税法第八十一条の九第二項第一号又は第二号に定める欠損金額又は連結欠損金個別帰属額については、同項（第一号又は第二号に係る部分に限る。）の規定は、なおその効力を有する。
　5　前項の場合において、施行日から平成二十二年九月三十日までの間に同項に規定する連結子法人を分割法人とする分割型分割が行われるとき又は施行日から同項の連結親法人事業年度終了の日までの間に同項に規定する連結子法人を被合併法人とする合併が行われるときの十月旧法人税法第五十七条第九項又は第五十八条第四項の規定の適用については、十月旧法人税法第五十七条第九項第一号ロ及び第二号ロ中「第八十一条の九第二項第二号に規定する連結子法人」とあるのは、「所得税法等の一部を改正する法律（平成二十二年法律第六号）附則第二十六条第四項（連結欠損金の繰越しに関する経過措置）の規定によりなおその効力を有するものとされる同法第二条の規定による改正前の法人税法第八十一条の九第二項第二号（連結欠損金の繰越し）に規定する連結子法人」とする。

6　新法人税法第八十一条の九第二項（第二号に係る部分に限る。）及び第三項（第二号に係る部分に限る。）の規定は、同条第二項に規定する連結親法人若しくは連結子法人の施行日以後に開始する連結親法人事業年度の期間（平成二十二年十月一日以後の期間に限る。）内に同項第二号に規定する適格合併が行われる場合又は当該連結親法人若しくは連結子法人の施行日以後に開始する連結親法人事業年度の期間内に同号に規定する他の内国法人（同年十月一日以後に解散するものに限る。）の残余財産が確定する場合の同号に定める欠損金額又は連結欠損金個別帰属額について適用する。

7　連結親法人が施行日前に開始した連結親法人事業年度の期間（施行日以後に開始する連結親法人事業年度の平成二十二年九月三十日以前の期間を含む。）内に適格合併を行った場合又は連結親法人が同年九月三十日以前に旧法人税法第五十七条第二項に規定する合併類似適格分割型分割を行った場合の旧法人税法第八十一条の九第二項第三号に定める欠損金額又は連結欠損金個別帰属額については、同項（同号に係る部分に限る。）の規定は、なおその効力を有する。

8　施行日から平成二十二年九月三十日までの間における新法人税法第八十一条の九第二項の規定の適用については、同項第一号中「第五十八条第四項」とあるのは「第五十八条第六項」と、同号イ中「第五項」とあるのは「第六項」と、「同条第四項又は第八項」とあるのは「同条第五項又は第九項」と、「同条第三項」とあるのは「同条第四項」とする。

9　連結法人が平成二十二年九月三十日以前に合併又は分割型分割を行った場合の旧法人税法第八十一条の九第三項に規定する欠損金額については、同項の規定は、なおその効力を有する。この場合において、当該分割型分割の日の前日の属する連結親法人事業年度が施行日前に開始したものであるときは、同項中「前項第二号」とあるのは「所得税法等の一部を改正する法律（平成二十二年法律第六号）附則第二十六条第四項（連結欠損金の繰越しに関する経過措置）の規定によりなおその効力を有するものとされる同法第二条の規定による改正前の法人税法第八十一条の九第二項第二号（連結欠損金の繰越し）」とし、当該前日の属する連結親法人事業年度が施行日以後に開始するものであるときは、同項中「前項第二号に規定する連結子法人」とあるのは「前項第一号に規定する特定連結子法人」とする。

10　十月新法人税法第八十一条の九第五項（同項第三号の連結子法人に係る部分に限る。）の規定は、当該連結子法人を同号に規定する合併法人等とする同号に規定する適格組織再編成等が行われる日が平成二十二年十月一日以後の日（施行日前に開始した連結親法人事業年度の同年十月一日以後の期間内の日を除く。）である場合の同号に定める連結欠損金個別帰属額について適用する。

11　新法人税法第八十一条の九の二第二項（第一号に係る部分に限る。）の規定は、同項に規定する連結親法人又は連結子法人の施行日以後に開始する連結親法人事業年度の期間（平成二十二年十月一日以後の期間に限る。）内に同号に規定する適格合併が行われる場合の同号に掲げる未処理欠損金額又は連結欠損金個別帰属額について適用する。

12　連結親法人が施行日前に開始した連結親法人事業年度の期間（施行日以後に開始する連結親法人事業年度の平成二十二年九月三十日以前の期間を含む。）内に適格合併を行った場合又は連結親法人が同年九月三十日以前に旧法人税法第五十七条第二項に規定する合併類似適格分割型分割を行った場合の旧法人税法第八十一条の九の二第二項第一号に掲げる未処理欠損金額又は連結欠損金個別帰属額については、同項（同号に係る部分に限る。）の規定は、なおその効力を有する。この場合において、同号中「前条第二項第三号」とあるのは、「所得税法等の一部を改正する法律（平成二十二年法律第六号）附則第二十六条第七項（連結欠損金の繰越しに関する経過措置）の規定によりなおその効力を有するものとされる同法第二条の規定による改正前の法人税法第八十一条の九第二項第三号（連結欠損金の繰越し）」とする。

13　十月新法人税法第八十一条の十第二項（同項第二号の連結子法人に係る部分に限る。）の規定は、当該連結子法人を合併法人、分割承継法人、被現物出資法人又は被現物分配法人とする同号に規定する適格組織再編成等が行われる日が平成二十二年十月一日以後の日（施行日前に開始した連結親法人事業年度の同年十月一日以後の期間内の日を除く。）である場合の同号に掲げる連結欠損金個別帰属額について適用する。

14　新法人税法第八十一条の九の二第三項の規定は、同項の欠損等連結法人の施行日以後に開始する連結親法人事業年度の期間内に同項に規定する内国法人（平成二十二年十月一日以後に解散するものに限る。）の残余財産が確定する場合の同項に規定する未処理欠損金額又は連結欠損金個別帰属額について適用する。

15　新法人税法第八十一条の九の二第四項の規定は、連結承認日の属する連結親法人事業年度開始の日が施行日以後である同項に規定する連結親法人又は特定連結子法人の同項に規定する欠損金額又は連結欠損金個別帰属額について適用する。

16　連結承認日の属する連結親法人事業年度開始の日が施行日前であった旧法人税法第八十一条の九の二第三項に規定する連結親法人又は連結子法人の同項に規定する欠損金額又は連結欠損金個別帰属額については、同項の規定は、なおその効力を有する。この場合において、同項中「前条第二項」とあるのは、「所得税法等の一部を改正する法律（平成二十二年法律第六号）附則第二十六条第四項（連結欠損金の繰越しに関する経過措置）の規定によりなおその効力を有するものとされる同法第二条の規定による改正前の法人税法第八十一条の九第二項（連結欠損金の繰越し）」とする。

17　新法人税法第八十一条の九の二第五項の規定は、同項に規定する連結親法人若しくは連結子法人の施行日以後に開始する連結親法人事業年度の期間（平成二十二年十月一日以後の期間に限る。）内に同項に規定する適格合併が行われる場合又は当該連結親法人の施行日以後に開始する連結親法人事業年度の期間内に同項に規定する他の内国法人である欠損等法人若しくは欠損等連結法人（同年十月一日以後に解散するものに限る。）の残余財産が確定する場合の同項に規定する未処理欠損金額又は連結欠損金個別帰属額について適用する。

18　連結親法人が施行日前に開始した連結親法人事業年度の期間（施行日以後に開始する連結親法人事業年度の平成二十二年九月三十日以前の期間を含む。）内に適格合併を行った場合又は連結親法人が同年九月三十日以前に旧法人税法第五十七条第二項に規定する合併類似適格分割型分割を行った場合の旧法人税法第八十一条の九の二第四項に規定する未処理欠損金額又は連結欠損金個別帰属額については、同項の規定は、なおその効力を有する。この場合において、同項中「同項第三号イ」とあるのは、「所得税法等の一部を改正する法律（平成二十二年法律第六号）附則第二十六条第七項（連結欠損金の繰越しに関する経過措置）の規定によりなおその効力を有するものとされる同法第二条の規定による改正前の法人税法第八十一条の九第二項第三号イ（連結欠損金の繰越し）」とする。

（連結法人間取引の損益の調整に関する経過措置）
第二十七条　連結法人が平成二十二年九月三十日以前に行った十月旧法人税法第八十一条の十第一項に規定する譲渡損益調整資産の譲渡に係る同項に規定する譲渡利益額又は譲渡損失額については、附則第二十二条第二項に規定する場合を除き、なお従前の例による。

（各連結事業年度の連結所得に対する法人税の税率に関する経過措置）
第二十八条　新法人税法第八十一条の十二の規定は、同条第一項に規定する連結親法人の連結親法人事業年度が施行日以後に開始する連結事業年度の連結所得に対する法人税について適用し、旧法人税法第八十一条の十二第一項に規定する連結親法人の連結親法人事業年度が施行日前に開始した連結事業年度の連結所得に対する法人税については、なお従前の例による。

（連結特定同族会社の特別税率に関する経過措置）
第二十九条　新法人税法第八十一条の十三の規定は、同条第一項の連結法人の連結親法人事業年度が施行日以後に開始する連結事業年度の連結所得に対する法人税について適用

し、旧法人税法第八十一条の十三第一項の連結法人の連結親法人事業年度が施行日前に開始した連結事業年度の連結所得に対する法人税については、なお従前の例による。

グループ法人税制実務ガイドブック

2010年6月14日　発行

編　者　　阿部　泰久 ©

発行者　　小泉　定裕

発行所　　株式会社　清文社
　　　　　　東京都千代田区内神田1-6-6　(MIFビル)
　　　　　　〒101-0047　電話03(6273)7946　FAX03(3518)0299
　　　　　　大阪市北区天神橋2丁目北2-6　(大和南森町ビル)
　　　　　　〒530-0041　電話06(6135)4050　FAX06(6135)4059
　　　　　　URL http://www.skattsei.co.jp/

印刷：亜細亜印刷㈱

■著作権法により無断複写複製は禁止されています。落丁本・乱丁本はお取り替えします。
■本書の内容に関するお問い合わせは編集部までFAX（03-3518-8864）でお願いします。

ISBN978-4-433-51050-3

好評発売中！　DVD実務ライブラリー

2010年 今年の税制改正の要点解説
法人税改正を中心に

●講師
阿部 泰久
社団法人日本経済団体連合会 経済基盤本部長

小畑 良晴
社団法人日本経済団体連合会 経済基盤本部 主幹

■ 収録時間108分／定価10,500円（税込）

　平成22年度税制改正は、昨年夏の政権交代後の最初の改正として注目度の高いものです。
　法人税においてはいわゆるグループ法人税制が創設され、連結納税制度や資本に関する税制の見直しが行われます。このグループ法人税制に関しては、連結納税制度とは異なり100%グループに強制適用されるため、その対象となる法人の範囲は非常に広く、影響も広範囲に及びます。また国際課税に関しても、外国子会社合算税制（タックス・ヘイブン対策税制）について創設以来の重要な改正が行われます。
　このDVDでは、社団法人日本経済団体連合会において長年税制の構築にかかわってきた講師が、今年の税制改正事項について、法人税に関する改正を中心に重要なテーマごとにセミナー形式で、また後半は対談形式により、わかりやすく解説していきます。

> 　このディスクにはセミナーのレジュメ（参考資料）がPDFファイルとして収録されています。
> PDFファイルは、パソコンを使用してご覧いただけます。DVDプレーヤー等からのご利用はできませんのでご注意ください。